MERIAN *live!*

W0090170

BUDAPEST

Roland Mischke lebt als freier Journalist und Autor in Berlin und hat unter anderem in Budapest studiert. Seitdem reist er immer wieder dorthin.

 Familientipps   FotoTipp

 Barrierefreie Unterkünfte   Faltkarte

 Umweltbewusst Reisen

Preise für ein Doppelzimmer mit Frühstück:

€€€€ ab 180 €   €€€ ab 120 €
     €€ ab 70 €   € bis 70 €

Preise für ein dreigängiges Menü ohne Getränke:

€€€€ ab 60 €   €€€ ab 40 €
     €€ ab 25 €   € bis 25 €

INHALT

◀ Das Gellért-Bad im gleichnamigen
Hotel (▸ S. 24) ist nur eines von vielen
prachtvollen Thermalbädern der Stadt.

Unterwegs in Budapest 52

Spaziergänge und Ausflüge 94

Wissenswertes über Budapest 108

Karten und Pläne

Willkommen in Budapest

Die Stadt lockt ihre Besucher mit kultureller Vielfalt, aber auch mit ihrem besonderen nostalgischen Flair, denn die Vergangenheit ist in vielen Straßen allgegenwärtig.

Immer gibt es das nicht, aber manchmal, am späten Nachmittag, hat man Glück. Dann trifft man in einem der Kaffeehäuser der Budapester Innenstadt auf die wehmütig-heitere Atmosphäre, die zur Essenz dieser Stadt gehört. Ältere, vom Kuchenteig etwas gerundete Frauen, üppig gepudert, parlieren miteinander. Daneben sitzen ihre Männer, hager und faltig, mitunter ein kariertes Tuch im Hemdausschnitt oder ein weißes Tüchlein in der Jacke. Diese Damen und Herren schauen mit verklärtem Blick auf die Donaumonarchie – den Verbund Österreich-Ungarn unter der Herrschaft der Habsburger. Sie reden von früher, als sei es gerade erst gestern gewesen, sie streuen Anekdoten aus und erzählen von längst verblichenen Personen und Ereignissen. Und wenn sie auseinandergehen, grüßen sie sich wie vor langer Zeit üblich mit: »Kezit csókolom!« – Küss die Hand!

Paris des Ostens

Budapest mit seinen 1,7 Millionen Einwohnern ist eine moderne, lärmende, umtriebige Stadt, die Hauptstadt eines Zehn-Millionen-Volkes. Doch mancherorts blitzt noch Vergangenes auf, etwa in der Architektur oder in den Cafés – es sind Inseln der Erinnerungen. Budapest ist eine Sehnsüchtige mit Goldrand. Sie ge-

◄ Die Kettenbrücke (▶ MERIAN TopTen, S. 76), hier vom Pester Ufer aus gesehen, ist die älteste der Budapester Brücken.

hörte früher einmal zu den elegantesten Städten Europas, trug Blattgold an Fassaden und auf Dächerlandschaften und besaß den Beinamen »Paris des Ostens«. Das ist lange her. Doch es hat sich etwas erhalten vom alten Glanz und dem nostalgischen Charme dieser stolzen Stadt.

Eine bürgerliche Stadt

Trotz der vier Jahrzehnte Sozialismus-Testlauf, heute allgemein als Notstandsepoche eingestuft, und aller Krisen der letzten Jahre ist Budapest eine durch und durch bürgerliche Stadt. Sie rüstet sich derzeit mit moderner Architektur und Infrastruktur, als Verkehrsknotenpunkt, Wirtschaftszentrum und Kulturmetropole für die Zukunft, bleibt aber eine eng mit der Vergangenheit verbundene Stadt.

Zwischen Alt und Neu

Allein schon die Anlage der durch den Fluss zweigeteilten Stadt macht Unterschiede deutlich. Buda, hügelig und mit engen Gassen und altem Baubestand, ist in Teilen noch deutlich vom Mittelalter geprägt. Hier liegen die Ursprünge der Stadt: Das Burgviertel, in dem der Adel residierte, und einige der früheren Stadttore, die ältesten Kirchen und jüdischen Gebetshäuser, die ersten Schanklokale und Marktplätze. In Pest wiederum trumpft die Moderne auf, mit prachtvollen klassizistischen Gebäuden aus der glanzvollen Epoche vom Ende des 19. bis ins erste Drittel des 20. Jh., als die Stadt bereits Touristen, darunter viele Künst-

ler und Intellektuelle, anzog. Die Hauptstraßen sind im Ringsystem angelegt, wie in Wien. Die Kontraste zwischen Alt und Neu zeigen sich etwa am Vörösmarty tér, einem der schönsten Plätze im Zentrum Pests. An drei Seiten ist er umbaut von Neobarock und Jugendstil, an einer Flanke ist in den letzten Jahren ein zeitgenössischer Architekturstil gewachsen, der eindeutig den Weg ins 21. Jh. weist. Eine spannungsreiche Mischung.

Ein Fluss zum Flanieren

Budapests Charme rührt nicht zuletzt von seiner einmaligen Lage an der Donau her. Es schmiegt sich zu beiden Seiten des Flusses, dort, wo er sich elegant in eine ausgedehnte Kurve legt. Keine andere Stadt am zweitlängsten europäischen Strom – der immerhin zwischen Schwarzwald und dem Schwarzen Meer nicht weniger als zehn Staaten durchfließt – betont so stark ihre exzellente Wasserlage. Besucher sollten oft entlang der Donau flanieren, im brettflachen Pest einerseits und auf den Hügelwegen Budas andererseits. Noch mehr als in den zentralen Straßen und Gassen, den Plätzen und Parks, den Thermalbädern, Friedhöfen oder in der grandiosen Markthalle, in der U-Bahn – hier Metro genannt – und auf den Brücken kann man sich bei Spaziergängen entlang dem Fluss die kompakte Stadt erschließen. Sie ist ein wohldurchdachtes Ensemble, am Rand auch mit einigem baulichem Wildwuchs, wie in jeder zu schnell gewachsenen Metropole. Aber sie hält viele Ansichten und viele Überraschungen bereit. Und vor allem: Budapest hat eine ganz eigene Atmosphäre.

MERIAN TopTen

MERIAN zeigt Ihnen die Höhepunkte der Stadt: Das sollten Sie sich bei Ihrem Besuch in Budapest nicht entgehen lassen.

Ob Burgviertel mit dem Burgpalast und der Herrengasse, Heldenplatz, das Parlament oder die Kettenbrücke: Die wichtigsten Sehenswürdigkeiten liegen in Budapest nahe beieinander. An ihnen zeigt sich fast durchweg, dass die Vergangenheit auch noch die Gegenwart bestimmt. Die Pracht von einst ist zwar nicht mehr durchweg in gutem Zustand, aber sie steht symbolisch für das, was diese kleine Nation im Innersten zusammenhält.

MERIAN TopTen 360°

Damit Sie sich vor Ort schneller orientieren können, finden Sie zu ausgewählten MERIAN TopTen auf den folgenden Seiten Umgebungskarten mit Restaurant-, Einkaufsempfehlungen und Tipps für weitere Sehenswürdigkeiten.

1 Budavári palota (Burgpalast)
Die Wiege der ungarischen Geschichte (▶ S. 56).

 2 Hősök tere (Heldenplatz)
Symbol der nationalen Identität mit den ungarischen Gründervätern als Skulpturen (▶ S. 63).

 3 Központi Vásárcsarnok (Zentrale Markthalle)
Vielfalt und Reichtum der landwirtschaftlichen Erzeugnisse Ungarns an einem Ort (▶ S. 66).

 4 Mátyás templom (Matthiaskirche)
In der Kirche wurde der legendäre König Matthias getraut (▶ S. 69).

 5 Nagy Zsinagóga (Große Synagoge)
Die größte Synagoge Europas zeugt von der jüdischen Tradition der Stadt (▶ S. 72).

 6 Országház (Parlament)
Eines der größten Gebäude der Welt (▶ S. 74).

 7 Széchenyi Lánchíd (Kettenbrücke)
Die älteste Budapester Brücke wurde 1849 eingeweiht (▶ S. 76).

 8 Szent István Bazilika (St.-Stephans-Basilika)
Vom Turm der größten Kathedrale Ungarns hat man einen herrlichen Blick über die Stadt (▶ S. 77).

 9 Úri utca (Herrengasse)
Die authentischste Straße im Burgviertel (▶ S. 79).

10 Magyar Nemzeti Múzeum (Nationalmuseum)
Hier erfährt man alles über die Nation der Magyaren (▶ S. 89).

360° Buda

MERIAN TopTen

1 Budavári palota (Burgpalast)

Das Palastensemble am Südende des Budaer Hügels ist seit
dem 13. Jh. das Herrschaftszen-
trum der Magyaren. Entsprechend
konzentriert finden sich hier große
Sehenswürdigkeiten versammelt.
In den Flügeln sind das Budapester Historische Museum, die Ungarische Nationalgalerie und die
Széchényi-Nationalbibliothek untergebracht (▸ S. 56).
Szent György tér 2

4 Mátyás templom (Matthiaskirche)

In dieser Kirche gingen einst die
Könige zur Messe und ließen sich
trauen – König Matthias gleich
zwei Mal (▸ S. 69).
Szentháromság tér

9 Úri utca (Herrengasse)

Die längste Straße des Burgviertels in Buda ist zugleich die
am besten erhaltene. Hier zeigt
fast jedes Haus noch mittelalterliche Spuren (▸ S. 79).

SEHENSWERTES

1 **Halászbástya (Fischerbastei)**
Auch wenn die romantische Ritterburg mit neogotischer Aussichtsterrasse nur nachgebaut ist, die Aussicht ist grandios (▸ S. 62).
Szentháromság tér

2 **Szentháromság tér (Dreifaltigkeitsplatz)**
Einst war dieser Platz der Mittelpunkt des Lebens im Burgviertel. Heute starten hier die Fiaker zur Rundfahrt (▸ S. 77).

ESSEN UND TRINKEN

3 **Angelika**
In den Räumen eines Biedermeier-Pfarrhaues lebt das alte Österreich-Ungarn auf (▸ S. 101).
Batthyány tér 7

4 **Zona**
Das Restaurant mit hohen Decken und lässig-moderner Einrichtung bietet Spitzenküche an der Kettenbrücke und serviert internationale Gerichte (▸ S. 39).
Lánchíd utca 7–9

[Map of the area around Hősök tere (Heldenplatz), Budapest, with the following labels:]

Óbuda, Esztergom
Róbert Károly krt.
BVSC uszoda
Löportárdülő
Lehel u.
Aba u.
Szabolcs u.
Dózsa György út
VI
Vágány u.
Orvostovábbképző Egyetem
Váramnő
Vidám Park
Fővárosi Nagycirkusz
Mexikói út
Szőnyi út
Kacsoh
Hornát u.
Kolumbusz
Dóra u.
Mexikói út
Állatkert (Zool. Garten) **1**
Széchenyi Gyógyfürdő (Széchenyi-Bad) **3**
Széchenyi fürdő
Kőr-színház
Borostyán u.
Hungária
Bethesda u.
körút
sétány
Podmaniczky u.
Ajpári-Román
MÁV Kórház
Kós Károly
Szépművészeti Múzeum **5**
Városligeti körút
Liezen Mayer sétány
Hermina
Palme u.
Erzsébet királyné u.
Fre
MÁV Kórház
Jáki Kápolna
Anonymus
Petőfi Csarnok
Mimóza
Hősök tere (Heldenpl.) **2**
Mezőgazdasági Múzeum **6**
Vajdahunyad Vára (Burg Vajdahunyad) **4**
Munkácsy Mihály u.
Lendvay u.
Bajza u.
Hősök tere **2**
Műcsarnok (Kunsthalle)
Városligeti tó
Közlekedési Múzeum
Nyugati pályaudvar (Westbahnhof)
KOGART-ház (KOGART-Haus)
Benczúr u.
Dózsa György út
Olof Palme
Zichy Mihály
Palme-ház
sor
Aradi u.
Andrássy út
Hopp Ferenc Kelet-Ázsiai Művészeti Múzeum
Bajza u.
Szinbád u.
fasor
P
Városliget
sétány
Dvořák sétány
Városliget (Stadtwäldchen)
Ajtósi Dürer sor
Stefánia út
Javor u.
Zichy Géza u.
Balassi u.
Zrínyi u.
Kodály körönd
Felső erdősor u.
SZ.V.I.
Lövölde tér
Ráth György Múzeum
Városligeti fasor
Damjanich u.
Hernád u.
Peterdy u.
Hernát u.
Erzsébetváros
Puskás Ferenc Stadion (Népstadion)

0   300 m

© MERIAN-Kartographie

360° Am Hősök tere (Heldenplatz)

MERIAN TopTen

2 **Hősök tere (Heldenplatz)**
Der weite, von großen Museumsbauten flankierte Platz ist ein Meisterwerk des ungarischen Historismus. Hier präsentiert die kleine Nation ihre mehr als tausendjährige Geschichte (▶ S. 63).

SEHENSWERTES

1 **Állatkert (Zoologischer Garten)**
Zum Tierpark mit kunstvollen Bauten für Tiere und Besucher gehört auch der botanische Garten mit einer Anlage im japanischen Stil und einem beeindruckenden Palmenhaus. Hier kann man gut entspannen (▶ S. 49).
Állatkerti körút 6–12

2 **Műcsarnok (Kunsthalle)**
Im Mittelpunkt des repräsentativen neoklassizistischen Prachtbaus an der Südseite des Heldenplatzes steht die zeitgenössische Kunst (▶ S. 90).
Hősök tere

Széchenyi Gyógyfürdő (Széchenyi-Bad)

Eine pompöse Oase des Bade-Müßiggangs, der auch noch sehr gesund ist (▶ S. 98).

Állatkerti körút 11

Vajdahunyad vára (Vajdahunyad-Burg)

In einem bunten Stilmix stellt die nachgebaute Burg am künstlichen See tausend Jahre Architekturgeschichte Ungarns vor (▶ S. 80).

Városliget

ESSEN UND TRINKEN

Gundel

Budapests vielleicht feinste kulinarische Adresse bietet höchstes Niveau und lockt entsprechend noble Gäste an (▶ S. 32).

Gundel Károly út 4

Városliget Café & Restaurant

Schickes Ambiente, gediegene Küche und guter Service. Ein schöner Ort für eine gemütliche Rast im Stadtwäldchen (▶ S. 34).

Olof Palme sétany 5

360° Rund um den Vörösmarty tér

MERIAN TopTen

Nagy Zsinagóga (Große Synagoge)

Weil Juden der Zugang zur Innenstadt die längste Zeit verboten war, bauten sie sich in ihrem Viertel Europas größtes jüdisches Gotteshaus (▶ S. 72).

Dohány utca 2–8

Széchenyi Lánchíd (Kettenbrücke)

Die älteste Brücke der Stadt verbindet seit 1849 die Stadthälften Buda und Pest über den Fluss hinweg und bietet vor allem abends, wenn sie beleuchtet ist, einen faszinierenden Anblick (▶ S. 76).

Clark Adam tér (Buda), István Széchenyi tér (Pest)

Szent István Bazilika (St.-Stephans-Basilika)

Hinter dem Hauptaltar steht die Statue von König Stephan I., dem Schutzpatron, der das Christentum in Ungarn etablierte (▶ S. 77).

Szent István tér

SEHENSWERTES

1 Deák Ferenc tér
Der zentrale Verkehrsknotenpunkt der Stadt, an dem sich fast alle Wege kreuzen, ist nach dem bedeutenden ungarischen Politiker des 19. Jh. benannt. (▸ S. 58).

2 Váci utca
Die Fußgängerzone zwischen Vörösmarti tér und Déak Ferenc utca ist morgens eine stille Wohnstraße, tagsüber geschäftig und abends ein Ausgehviertel (▸ S. 80).

ESSEN UND TRINKEN

3 Cyrano
Hinter der stolzen Fassade des Restaurants verbirgt sich ein hübscher Platz zum Sehen und Gesehenwerden (▸ S. 28).
Kristóf tér 7

4 Gerbeaud
Weltberühmt ist das nostalgisches Kaffeehaus von 1858 mit angeschlossenem traditionsreichem Restaurant (▸ S. 101).
Vörösmarty tér

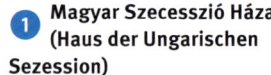

360° Rund um das Parlament

6 Országház (Parlament)

Es gehört zu den größten Gebäuden der Welt und gilt als Inbegriff der eklektizistischen Architektur in Ungarn (▸ S. 74).
Kossuth Lajos tér 1–3

SEHENSWERTES

1 Magyar Szecesszió Háza (Haus der Ungarischen Sezession)

Das 1903 im Jugendstil errichtete Wohnhaus ist ein herrliches Beispiel für diese Stilrichtung. Es wurde restauriert und beherbergt im Erdgeschoss ein Museum (▸ S. 90).
Báthory utca

2 Margitsziget (Margareteninsel)

Die schönste grüne Oase in der ungarischen Metropole ist für den Autoverkehr gesperrt und wurde nach einer blaublütigen Nonne benannt (▸ S. 69).
Zwischen Árpád-Brücke und Margaretenbrücke

3 **Nyugati pályaudvar (Westbahnhof)**

Einer der interessantesten Bahnhöfe Europas (und einer von drei großen in Budapest), im 19. Jh. von der Pariser Stahlbaufirma Eiffel erbaut (▶ S. 73).

Teréz körút

4 **Postatakarékpénztár (Postsparkasse)**

Das Gebäude ist ein Hauptwerk des ungarischen Jugendstils (▶ S. 75).

Hold utca 4

ESSEN UND TRINKEN

5 **Biarritz**

Bistro-Restaurant mit vielen Tischen draußen in der warmen Jahreszeit und Blick auf das Parlamentsviertel (▶ S. 30).

Balassi Bálint utca 2/a

6 **Bohémtanya Vendéglö**

Das typisch ungarische Lokal bietet nicht nur beste Hausmannskost, sondern immer auch gute Stimmung (▶ S. 34).

Paula Ede utca 6

MERIAN Tipps

Mit MERIAN mehr erleben. Nehmen Sie teil am Leben der Stadt und entdecken Sie Budapest, wie es nur Einheimische kennen.

1 Millenniumi Kulturális Központ (Kulturviertel Millenniumsstadt) 📖 D 9

Budapest hat so viel Kultur, dass es repräsentativen Platz dafür benötigt. Zur Jahrtausendwende erhielt die Kulturszene ein neues Zentrum am Donauufer, das sich zugleich als Stadtteil für Wohnen und Arbeiten an der Rákóczi-Brücke etabliert hat. Attraktionen der neuen Millenniumsstadt sind der Palast der Künste, in dem Musik, Theater und bildende Künste Nachbarn sind, und das Nationaltheater. Beide sind mit topmodernen Sälen ausgestattet, im Palast der Künste ist außerdem das Ludwig-Museum untergebracht.
Ferencváros • 2 a Müvészetek Palotája • Tram 2 • www.mupa.hu, www.nemzetiszinhaz.hu

2 Pesti Vigadó (Pester Redoute)  C 6

Bei drei große Komponisten zeigen sich Budapester als echte Patrioten. Der 1811 am Rand des damaligen Westungarns geborene Franz Liszt und seine »ungarischen Nationalmelodien« greifen tief ins Gemüt der Magyaren. Béla Bartók und Zoltán Kodály wiederum bereisten die Provinz auf der Suche nach »authentischer« Volksmusik. Alle drei traten in der Pester Redoute auf. Architekt des großartigen Bauwerks im Stil des romantischen Historismus war Frigyes Feszl. Innen präsentiert es sich mit Fresken von Károly Lotz und Mór Than, aufwendig gestaltetem Treppenhaus und einem erstklassigen Konzertsaal.
Belváros • Vigadó tér 2 • Metro: Vörösmarty tér • Tel. 3 54 37 55 • www. vigado.hu • ganzjährig Konzerte

3 Höhlen in den Budaer Hügeln   westl. A 2

Vor 40 Millionen Jahren war das Karpatenbecken noch von einem tropischen Meer bedeckt. Schnell lagerten sich Kalksteinschichten ab, darin entstanden Höhlen. So bildete sich ein ausgedehntes unterirdisches Gangsystem, das seit dem Mittelalter auch von Menschen genutzt wird. Von den hundert Höhlen sind die Pálvölgyi- und die Szemlöhegyi-Höhle zugänglich.
Újlak • Vorortbahn HÉV bis Kolosy tér, mit Bus 29 bis Szemlöhegyi barlang – Pálvölgyi-Höhle • Szépvölgyi út 162 • www.palvolgyi.atw.hu • Di–So 9– 16.10 Uhr • Eintritt 1200 Ft, erm. 600 Ft – Szemlöhegyi-Höhle • Pusztaszeri út 35 • www.szemlohegyi.atw.hu • Mo, Mi, Fr 10–15, Sa, So 10–16 Uhr • Eintritt 1200 Ft, erm. 600 Ft

4 Gellérthegy (Gellértberg)   B/C 7/8

Die Ostflanke fällt steil zur Donau hin ab. Der Gellértberg, benannt nach dem Bischof Gellért, dem Missionar der Ungarn, ist der markanteste Aussichtspunkt der Stadt. Seine Spitze reckt sich 235 m über den Fluss. Von diesem Hügel reicht

der Blick über die ganze Innenstadt und den hindurchmäandernden Strom. Für die Magyaren war der Platz über der Donau in früheren Zeiten geheimnisvoll: Mal galt er als Hexentreffpunkt, mal als Geisterort, den man nach Einbruch der Dunkelheit meiden sollte. In jüngerer Zeit hinzugekommen ist der vom Künstler István Kiss konzipierte Jubileumi Park am Südhang mit mehreren Promenaden, reizvoll gestaltet mit Säulenportalen und Skulpturengruppen. Auf Grünflächen kann man die Sonne genießen, und es gibt auch einen großen Kinderspielplatz.
Gellérthegy • Citadella • Bus 27 ab Móricz Zsigmond körtér bis Búsuló Juhász

★5 Sziget Festivál  nördl. C 1

Stolz erfüllt Budapester Rockfans, wenn Zehntausende Anhänger eigens der Party wegen aus dem In- und Ausland anreisen. Das Sziget-Festival auf einer Nebeninsel der Donau, der Hajógyári-sziget, ist das größte Rockfestival in Mitteleuropa. Neben den Konzerten gibt es weitere Veranstaltungen an rund 60 Schauplätzen: Theater, Tanz, Kino und Shows für Kinder.
Óbudai sziget • im August • ausführliche Informationen und Tickets www.szigetfest.de

★6 Városháza (Rathaus) C 6/7

Das Gebäude ist so lang wie der Straßenblock, 190 m. Ein Barockbau, der nach Entwürfen des Wiener Baumeisters Anton Erhard Martinelli zwischen 1716 und 1728 entstand. Der Komplex mehrerer miteinander verbundener Häuser wurde ursprünglich als Invalidenhospital für Heimkehrer aus den Kriegen gegen die Türken errichtet und ab 1894 zum Rathaus umgewidmet. Daran erinnern die beiden Reliefs über den Toren des Haupttrakts, die den Bauherrn, Karl III., König von Ungarn, und Prinz Eugen von Savoyen, den siegreichen Habsburger Feldherrn der Schlacht gegen die Türken 1717, zeigen. An das mächtige Verwaltungsgebäude schließen sich drei Innenhöfe an. Westlich vom Rathaus, am Szervita tér, stehen zwei herausragende Jugendstilhäuser.
Belváros • Városház utca 9–11 • Metro: Deák Ferenc tér, Tram: 47, 49

★7 Teréz körút C/D 5

Die breite Teréz körút ist das schönste Teilstück des Großen Rings. Die meisten Häuser stammen aus der Blütezeit Budapests Ende des 19. Jh., dem ungarischen

Fin de Siècle. Neben Jugendstilbauten gibt es viele klassizistische
Fassaden. Die Straße stand für das
Bedürfnis, einen modernen Le-
bensstil zu repräsentieren, von Anfang an residierten hier mondäne
Boutiquen. Die Teréz körút ist zum
Flanieren angelegt worden: Vom
Westbahnhof (Nyugati pályaudvár), einem Bau von Gustave Eiffel,
bummelt man auf beiden Straßenseiten an Schaufenstern internationaler Modeketten, aber auch
Buchhandlungen und Antiquaria-
ten vorbei. Überall locken Werbe-
tafeln in interessante Hinterhöfe
und Untergeschosse, in denen vor
allem ungarische Modedesigner
ihre Ware anbieten.
Belváros

den imposanten Nachbau der Vajdahunyad-Burg mit dem Landwirtschaftsmuseum, einen Zirkus und
das beliebte Széchényi-Bad.
Városliget • Metro: Széchényi fürdő,
O-Bus / 2

8 Rószadomb (Rosenhügel)   A 4

Das nördliche Donauufer auf Budaer Seite wurde erst ab dem 19. Jh.
systematisch bebaut. Deshalb gibt
es im hügeligen Viertel, das seinen
Namen von den türkischen Be-
satzern erhielt, zwischen schicken
Häusern und Villen noch eine fast
ländliche Idylle mit eingeschossi-
gen Bauten. Die schönsten Straßen
sind Bolyai utca, Szemlöhegyi utca
und Rómer Flóris utca.
Bus 91 oder 291 vom Batthyány tér
bis Rómer Flóris utca

9 Városliget (Stadtwäldchen)   E/F 4/5

Viele Budapester haben auf der
Eislaufbahn im Stadtwäldchen das
Schlittschuhfahren erlernt. In der
warmen Jahreszeit kann man mit
Leihbooten auf dem künstlichen
See rudern. In der grünen Oase der
Großstadt findet man außerdem

10 Kerepesi temető (Kerepesi-Friedhof)   F 6/7

Auf dem Budapester Zentralfried-
hof sind viele beerdigt, die in der
jüngeren Geschichte Ungarns Rang
und Namen hatten. Den Revolu-
tionshelden des Unabhängigkeits-
kampfes gegen die Habsburger, Ferenc Deák, Lajos Batthyány und
Lajos Kossuth, hat man Mausoleen
errichtet, zugleich Symbole gegen
die Fremdherrschaft. Entlang einer
Arkadenreihe staffeln sich die Grä-
ber der Künstler, darunter die der
Dichter Attila József, Endre Ady und
Mór Jókai, der Sängerin Lujza
Blaha, der Maler Mihály Munkácsy
und Tivadar Csontváry Kosztka.
Józsefváros • Fiumei út 16 • Metro:
Keleti pályaudvár, von dort kurzer
Fußweg über die Festetics György
utca zum Haupteingang • April–Sept.
7–19, Okt.–März 7.30–17 Uhr

Gemütliche Straßencafés, wie dieses hier am kleinen Park Károlyi
kert auf Pester Seite, laden zu Verschnaufpausen ein.

Zu Gast in **Budapest**

Budapest ist eine Einladung an alle, die in traditionsreichen Hotels guten Service genießen, in berühmten Thermalbädern den Tag verbringen und am Abend nostalgische Kaffeehäuser entdecken wollen.

Übernachten

Zur Auswahl stehen traditionelle, moderne und elegante Häuser, von einfach bis ganz nobel. Am schönsten logiert es sich natürlich mit Donaublick.

◄ Im eleganten Gresham-Palast residiert das Hotel Four Seasons (▶ S. 23).

Die ungarische Hotelindustrie hat von jeher einen guten Ruf. Selbst in realsozialistischer Zeit war die Qualität gut, erst recht in der freien Marktwirtschaft. Und trotz der Krisen der letzten Jahre haben in Budapest kontinuierlich neue Hotels eröffnet.

Charmantes Personal

Die Servicekräfte sprechen neben dem obligatorischen Englisch oft noch weitere Sprachen, sie sind kompetent und höflich gegenüber ihren Gästen. Gibt es doch einmal Probleme, helfen Charme und Ideen des Personals meist darüber hinweg. Hauptsaison ist Mai bis September, dann ziehen die Preise etwas an. Frühstück ist nicht immer inklusive.

Preise für ein Doppelzimmer mit Frühstück:

€€€€	ab 180 €	€€€	ab 120 €
€€	ab 70 €	€	bis 70 €

HOTELS €€€€

🌿 **Art'otel**   📙 B 6

Kunst im Hotel • Auf Budaer Seite an der Donau mit Direktblick auf das Parlament. Überall moderne Kunst an den Wänden, selbst an der Fassade. Einbezogen wurden vier barocke Fischerhäuser.
Rózsadomb • Bem rakpart 16–19 • Metro: Batthyány tér • Tel. 4 87 94 87 • www.artotels.com/budapest • 165 Zimmer • ♿ • €€€€

Boscolo Budapest   📙 D 6

Luxuspalast • Neobarocker Prunk und Eleganz einer italienisch geführten Kette. Wunderbarer überglaster Innenhof, es gibt viel Raum und Top-Service rund um die Uhr. Das Spa zählt zu den schönsten der Stadt.
Erzsébetváros • Erzsébet körút 9–11 • Metro: Blaha Lujza tér • Tel. 8 86 61 11 • www.boscolohotels.com • 185 Zimmer • ♿ • €€€€

Gresham Palace   📙 C 6

Erste Adresse • Der Prachtpalast mit reich verzierter Fassade gehört zum Hotelkonzern Four Seasons. Großartiger Eingangsbereich. Hier logiert die internationale Prominenz. Café und Restaurant für alle zugänglich.
Belváros • Széchenyi István tér 5–6 • Metro: Vörösmarty tér • Tel. 2 68 60 00 • www.fourseasons.com/budapest • 179 Zimmer • ♿ • €€€€

Hilton Budapest Hotel   📙 A 6

Alt und Neu • Luxushotel im Burgviertel mit Donaublick. Reste eines Dominikanerklosters und ein Kolleg der Jesuiten wurden in die moderne Architektur integriert.
Vár • Hess András tér 1–3 • Bus: Dizs tér, Standseilbahn (Sikló) • Tel. 8 89 66 00 • www.hilton.com/budapest • 321 Zimmer • ♿ • €€€€

HOTELS €€€

Buddha Bar Hotel Budapest   📙 C 7

Entspannter Luxus • Fünf-Sterne-Haus in der Flanier- und Geschäftsstraße mit Top-Restaurant und mondäner Lounge-Bar.
Belváros • Váci utca 34 • Metro: Ferenciek tere • Tel. 7 99 73 00 • www.buddhabarhotel.hu • 102 Zimmer • ♿ • €€€

Continental Hotel Budapest   📙 D 6

Wohnen mit Stil • Herrlich saniertes Gebäude im Art-nouveau-Stil im

Herzen Budapests. Schöner Innenhof, Pool auf dem Dach und Sauna.
Belváros • Dohány utca 42–44 • Metro: Astoria • Tel. 8 15 10 00 • www.continentalhotelbudapest.com • 272 Zimmer • ♿ • €€€

Danubius Hotel Astoria   🛏 C 7
Eine Legende • Hotel im Empire-Stil, aufgefrischt und mit Habsburger Pomp in zentraler Lage. Im Café-Restaurant wurde schon vor einem Jahrhundert serviert.
Belváros • Kossuth Lajos utca 19–21 • Metro: Astoria • Tel. 8 89 60 00 • www.danubiusgroup.com • 135 Zimmer • ♿ • €€€

Danubius Hotel Gellért   🛏 C 8
Pracht von gestern • Hotel mit stolzer Vergangenheit an der Freiheitsbrücke. Etwas angejahrt, aber immer noch mit Traditionsflair. Thomas Mann logierte oft hier. Eigener Zugang zum Gellért-Bad.
Gellérthegy • Szent Gellert tér 1 • Tram: 18, 19 41, 47, 49 • Tel. 8 89 55 01 • www.danubiusgroup.com • 221 Zimmer • €€€

🌿 Danubius Health Spa Resort Margitsziget   🛏 C 2
Optimal zur Erholung • Modernes Wellness-Hotel am ruhigen Rand der Margareteninsel. Schöner Joggingpfad direkt am Ufer unter Bäumen.
Margitsziget (Margareteninsel) • Tram: 1, Vorortzug HÉV: Árpád híd • Tel. 8 89 47 00 • www.danubiushotels.com • 254 Zimmer • ♿ • €€€

Novotel Budapest   🛏 D 6
Mittendrin • Saniertes Jugendstilhaus in Innenstadtlage. Hier wohnt am besten, wer schnell im urbanen Leben sein will.
Belváros • Rákóczi út 43–45 • Metro: Blaha Lujza tér • Tel. 4 77 53 00 • www.novotel-bud-centrum.hu • 227 Zimmer • ♿ • €€€

Radisson Blue Béke Hotel   🛏 C 5
Gute Lage • Das gut geführte Haus stammt aus der zweiten Hälfte des 19. Jh. und verfügt über Pool und Sauna. Es liegt nahe zur Donau mit der Margareteninsel.
Terézváros • Teréz körút 43 • Metro: Nyugati palyaudvar • Tel. 8 89 39 00 • www.radissonblu.com/hotel-budapest • 247 Zimmer • ♿ • €€€

Sofitel Atrium Budapest   🛏 C 6
An der Donau • Das Besondere des Hotels in Toplage: Neben Zimmern gibt es auch kleine Apartments mit Küche, beliebt bei Geschäftsleuten.
Belváros • Széchényi István tér 2 • Metro: Vörösmarty tér • Tel. 2 35 12 34 • www.sofitel.hu • 357 Zimmer • ♿ • €€€

HOTELS €€
Buda Castle Fashion Hotel   🛏 A 6
Für Puristen • Kleines Hotel auf dem Burgberg nahe der Matthiaskirche, sehr gut saniert, aber die Zimmer sind eher klein.
Vár • Úri utca 39 • Bus 16: Úri utca • Tel. 2 24 79 00 • www.budacastlehotelbudapest.com • 25 Zimmer • €€

City Hotel Pilvax   🛏 C 7
Einfach, aber zentral • Das Drei-Sterne-Haus bietet ein gutes Preis-Leistungs-Verhältnis, einfach eingerichtete Zimmer und eine große Auswahl am Frühstücksbuffet.
Belváros • Pilvax köz 1–3 • Metro: Ferenciek tere • Tel. 2 66 76 60 • www.taverna.hu • 32 Zimmer • ♿ • €€–€€€

Hotel Benczúr 📖 E 5
Recht mondän • Im vornehmen Botschaftsviertel und nahe dem Heldenplatz gelegen. Guter Verkehrsanschluss. Nahebei liegt das Stadtwäldchen mit dem Széchényi-Bad.
Terézváros • Benczúr utca 35 • Metro: Kodály körönd, Bajza utca • Tel. 4 79 56 62 • www.hotelbenczur.hu • 160 Zimmer • ♿ • €€

Hotel Medosz 📖 D 5
Im Ausgehviertel • Schlichte, aber gemütliche Zimmer und sehr hilfsbereites Personal. Die zentrale Lage ist unschlagbar. Theater- und Kneipenviertel liegen gleich vor der Tür.
Terézváros • Jókai tér 9 • Metro: Oktogon • Tel. 3 74 30 00 • www.medosz hotel.hu • 74 Zimmer • ♿ • €€

Iberostar Grand Hotel Budapest 📖 C 6
Gute Mischung • Klassizistisches Gebäude, zeitgemäßes Design, schöner Innenhof, nahebei ein Park und das Parlament.
Erzsébetváros • Október 6 utca 26 • Metro: Arany János utca • Tel. 3 54 30 50 • www.iberostar.com • 50 Zimmer • ♿ • €€–€€€

Ibis Budapest Váci út 📖 D 3
Am Rand des Zentrums • Ruhiges und praktisches Hotel auf Höhe der Margareteninsel. Der Westbahnhof ist nur zwei Metrostationen entfernt.
Lipótváros • Dózsa György út 65, Ecke Váci út • Metro: Dózsa György út • Tel. 3 29 02 00 • www.ibis-vaciut.hu • 139 Zimmer • ♿ • €€–€€€€

K + K Hotel Opera 📖 C 6
An der Oper • Schönes Jugendstilhaus in bester Lage mit gutem Frühstück. Viele Lokale in der Nähe.
Terézváros • Révay utca 24 • Metro: Opera • Tel. 2 69 02 22 • www.kk hotels.com • 200 Zimmer • ♿ • €€–€€€

Novotel Budapest Danube 📖 B 5
Viel Glas • Rundum verglaster Neubau auf der Budaer Seite an der Donau mit Blick aufs Parlament.
Rózsadomb • Bem rakpart 33–34 • Metro: Batthyányi tér • Tel. 4 58 49 00 • www.novotel-bud-danube.hu • 175 Zimmer • ♿ • €€–€€€

HOTELS €

Hostel Marco Polo 📖 D 6
Praktisch und preiswert • Neben 12-Bett-Zimmern gibt es auch komfortable Doppelzimmer. Erfreulich: Das Frühstücksbüfett ist im Preis inbegriffen.
Belváros • Nyár utca 6 • Metro: Blaha Lujza tér • Tel. 4 13 25 55 • www.marcopolohostel.com • 47 Zimmer • €

Shantee House 📖 A 9
Für Weltenbummler • Weltweit bei jungen Gästen bekannt. Nicht die zentralste Unterkunft, aber mit Garten und Hängematten. Doppel- und Mehrbettzimmer.
Kelenföld • Takács Menyhért utca 33 • Metro: Ferenciek tere, von dort Bus 7 oder 107 bis Karolina út • Tel. 3 85 89 46 • www.shanteehouse.com • 10 Zimmer • €

The Museum Guesthouse 📖 C 6
Stilecht, aber günstig • Der zentral gelegene Altbau mit Fassadenzier bietet geräumige Doppel- und Vierbettzimmer.
Belváros • Károly körút 10 • Metro: Astoria • Tel. 2 66 77 74 • www.buda pesthostel.com • 12 Zimmer • €

Essen und Trinken

Ungarns Küche ist bekannt für deftige Fleischgerichte und süße Backwaren. Es wird viel mit Gemüse gekocht und reichlich gewürzt, aber nicht nur mit Paprika.

◀ Das Gerbeaud (▶ S. 101) ist ein Kaffeehaus mit sehr langer Tradition.

In Ungarn leben die Europäer mit dem höchsten Fleischverbrauch, haben diverse Studien festgestellt. Wer zum ersten Mal nach Budapest kommt, wird staunen über die Auswahl an Fleischgerichten in den Lokalen. Das hat Tradition, obwohl inzwischen immer mehr Restaurants auch vegetarische und vegane Speisen im Angebot haben.

Zu den traditionellen Klassikern der ungarischen Küche gehören Wildgerichte, aber auch »pörkölt« vom Schwein, seltener von Rind oder Hammel, oft mit »lecsó« (Letscho), und »pacalpörkölt«, in Österreich Topfenflecken genannt. Die berühmteste Schöfung aber ist der »gulyás« (Gulasch), der Kesselgulasch vom Rind. Geht es um die Küche der Vorfahren und ihre Zubereitung – historisch zusammengemixt aus ungarischen, österreichischen, serbischen und türkischen Einflüssen –, sind auch jüngere Budapester Patrioten. Besucher können aber alles bekommen, wonach es sie verlangt, ob Sushi, Pasta, Pizza oder andere internationale Gerichte. Beliebt ist auch die traditionelle Fischsuppe »halászlé« mit Stücken mehrerer Fischarten.

Nicht ohne Paprika

Das wichtigste Lebensmittel der Ungarn ist die Paprika, die allen Gerichten eine charakteristische, aber meist mäßige Würze verleiht. In Ungarn werden mehrere Paprika-Arten gezüchtet, die es in anderen Ländern nicht gibt. Praktisch alle Brotaufstriche, die neben Käse vor allem auch mit »kolbász«, der klassischen ungarischen Wurstkreation, belegt werden, erhalten als Zulage Paprika. Auslandsungarn geben an, darunter zu leiden, dass sie anderswo nicht diese Fülle an Paprikasorten haben. Zu den beliebtesten Speisen in Budapest gehören solche mit Paprikasauce, auch mit Hackfleisch gefüllte Paprikaschote hat viele Anhänger.

Neue Spitzenweine

Ungarische Weine wie der Tokajer, der kräftige Bikavér (Stierblut) und der Riesling waren lange Zeit extrem süß. Inzwischen dominieren trockenere Geschmacknoten, und die heute von Experten gelobten Weine werden mit Erfolg exportiert.

Ungarn besitzt eine ausgeprägte Schnapskultur. Dem überall offerierten »pálinka« (Obstschnaps) wird nachgesagt, er sei gut für die Verdauung, wenn er vor dem Essen gekippt wird. Eine weitere ungarische Erfindung ist der Digestif »unicum«.

Tradition und Stil

In Budapest sind traditionell kalorienschwere süße Back- und Teigwaren Begleiter beim Kaffeetrinken. Leisten Sie sich wenigstens einmal einen »rétes« (Strudel) oder einen Gundel-Palatschinken (gefüllt mit Walnuss und Schoko-Rum-Sauce). Am besten in der authentischen Kaffeehausatmosphäre im Café des Hotel Astoria, im traditionsreichen Centrál nahe der Markthalle (▶ S. 102) oder in der nostalgischen Pomparchitektur des 1884 eröffneten Gerbeaud am Vörösmarty tér (▶ S. 101).

Etwas Besonderes sind die Restaurants mit atemberaubend schönem Dekor. Sie gelten seit jeher als Tempel der kulinarischen Tradition, verbunden mit ausgeprägtem Stilempfinden. Dazu gehören allen voran das Kárpátia (▸ S. 33) und der Matthias-Keller (Mátyás pince, ▸ S. 33) im Zentrum und das opulent mit Blattgold, Stuck und Lüstern ausstaffierte Kaffeehaus New York (▸ S. 35), das auch ein Restaurant ist, am Großen Ring.

Preise für ein dreigängiges Menü:
€€€€ ab 60 €   €€€ ab 40 €
€€ ab 25 €   € bis 25 €

AMERIKANISCH

KNRDY   C 6
Fleischgenuss • Black Angus und andere Steaksorten, aber auch Lamm, Lachsfilet, Hummer, Muscheln – aber nie ohne Paprika. Zentral gelegen. Terézváros • Október 6 utca 15 • Metro: Oktogon • Tel. 7 88 16 85 • www.knrdy. com • Mo–Sa 11.30–1, So 11–1 Uhr • €€€

FRANZÖSISCH

Cyrano   C 6
Lounge-Charakter • Elegantes Ambiente in warmen Farben. Gehobene Küchenkultur, exzellente Weine und Top-Service. Terrase für warme Tage. Belváros • Kristóf tér 7 • Metro: Vörösmarty tér • Tel. 2 66 47 47 • www. cyrano.hu • tgl. 8–24 Uhr • €€€

Noir et L'or   C 6
Köstliches Dessert • Der Koch soll Franzose sein, aber sein meistverkauftes Gericht ist ungarische Kalbspaprika. Nobles Ambiente, guter Service, gute Weine. Hierher kommen Gäste, die einen angenehmen Abend erleben wollen. Köstlich ist das Dessert Noir et l'or Selection. Belváros • Király utca 17 • Metro: Bajcsy-Zsilinszky út • Tel. 4 13 02 36 • www.noiretlor.hu • tgl. 11.30–15, 18–24 Uhr • €€€

Café Vian Bistro   C 6
Am Grünstreifen • Beliebtes Bistro im bürgerlichen Budapest. Hierher geht man zum Frühstück, und abends bleibt man etwas länger. Im Sommer sitzen alle auf der Terrasse. Lipótváros • Hercegprímás utca 15 • Metro: Arany János utca • Tel. 9 51 90 76 • www.cafevian.com • tgl. 8.30–24 Uhr • €€–€€€

Képíró   D 7
Kulinarisches Juwel • Das Restaurant im französischen Stil serviert saisonal wechselnde Speisen, mit französischen und anderen Einflüssen. Belváros • Képíró utca 3 • Metro: Kálvin tér • Tel. 2 66 04 30 • tgl. 12–24 Uhr • €€–€€€

A La Galetta Creperie   D 5
Von süß bis deftig • Frankreichs vielleicht größtes kulinarisches Geschenk an die Welt sind die guten alten Crêpes. Hier gibt es sie – von herzhaft bis zuckersüß, als Kreationen mit Obst, Käse oder Kartoffeln – als Hauptgericht, Dessert oder auch nur als Snack. Terézváros • Szondi utca 11 • Metro: Kodály körönd • Tel. 3 02 69 25 • Di–Sa 11–23, So 11–3 Uhr • €€

INTERNATIONAL

Spoon   C 6
Restaurantschiff • Es liegt gegenüber dem Hotel Intercontinental vor Anker, seine »stillen Örtchen« sollen zu den schönsten Europas gehören. Aus den Panoramafenstern fällt der Blick auf die Donau und beide Stadthälften, abends hell angeleuchtet der Burgpalast. Die ungarische Küche hat einen Touch ins Asiatische, es wird viel im Wok gekocht, das Ganze ist jedoch keine Fusionsküche.

Ein Hauch von Frankreich. Das Café Kör (▶ S. 35) mit seinem Bistro- Ambiente ist bei Einheimischen und Touristen gleichermaßen beliebt.

Belváros • Vigadó tér 3 • Metro: Vörös-marty tér • Tel. 4 11 09 33 • www.spoon restaurants.hu • tgl. 12–24 Uhr • €€€

Robinson   E 4
Am See • Transparentes Glasge-bäude im Stadtwäldchen unter alten Bäumen am Wasser, nahe dem Hel-denplatz. Man kann draußen auf der Terrasse und drinnen speisen, wie schon Sylvester Stallone, Robert Redford, Arnold Schwarzenegger und andere es getan haben. Von 16 bis 18 Uhr nur Café.
Városliget • Városligeti tó • Metro: Hősök tere • Tel. 4 22 02 22 • www. robinson.hu • tgl. 11–23 Uhr • €€–€€€

Soul Café   D 7
Noble Cocktails • Das Café mit Spei-sekarte liegt im Szeneviertel Ráday utca. Es ist hell, offen, überschaubar, schick und im Sommer mit Terrasse in der Fußgängerzone. Geboten wird internationale Küche, aber selbstver-ständlich ungarisch grundiert. Die Weine stammen überwiegend von nationalen Winzern. Berühmt sind die Cocktailvarianten.
Terézváros • Ráday utca 11–13 • Metro: Kálvin tér • Tel. 2 17 69 86 • www.soulcafe.hu • tgl. 12–24 Uhr • €€–€€€

Terminál   C 6
Im Zeitgeist • Sehr modernes Restau-rant mit Bar, im Bistro-Stil nahe dem Verkehrsknotenpunkt Deák Ferenc tér. Ungarische Küche mit Anleihen aus diversen Küchen, stets glutenfrei. Ausgezeichnetes Weinangebot, aber auch gute ungarische Biere. Vor allem junge Leute mögen das Lokal.
Belváros • Erzsébet tér 11 • Metro: Deák Ferenc tér • Tel. 4 19 50 40 • www.terminalrestaurant.hu • tgl. 11–23 Uhr • €€–€€€

Vén Hajó   C 7
Beliebtes Steak • Der Schaufelraddampfer, in dem das Restaurant residiert, wurde 1913 für Österreichs Thronfolger Franz Ferdinand gebaut, danach war er das Museumsschiff »Kossuth«. Seit 2004 ist er ein Speiselokal am Donauufer, im Sommer mit großer Terrasse. Die Küche ist auf Touristen eingestellt.
Belváros • Vigadó tér, Ponton 2 • Metro: Vörösmarty tér • Tel. 4 11 09 42 • www.venhajo-etterem.hu • tgl. 12–24 Uhr • €€–€€€

Zona   B 6
Prämierte Küche • Küchenchef Gábor Krausz hat schon in London und anderen Metropolen gekocht. Durch Auswahl und Vielfalt, Farben und Geschmacksrichtungen wird die kulinarische Kultur anderer Länder präsentiert. Dafür gab es 17 Gault-Millau-Punkte u. a. Auszeichnungen.
Budaváros • Lánchíd utca 7–9 • Bus: 16, 86 • Tel. 0 63 04 22 59 81 • www.zonabudapest.com • tgl. 12–24 Uhr • €€–€€€

Biarritz   C 5
Regierungsnah • Wohlgesittete Bürgerlichkeit seit 1938, mit Blick aufs Parlamentsviertel. Sonnige Terrasse. In sozialistischer Zeit geschlossen, weil zu »bourgeois«. 1995 Wiedereröffnung. Hervorragende ungarische Küche mit internationalen Anleihen.
Belváros • Balassi Bálint utca 2/a • Metro: Kossuth Lajos tér • Tel. 5 75 85 50 • www.biarritz.hu • Mo–Fr 9–22, Sa 10–22, So 10–17 Uhr • €€

Ötkert   C 6
Club-Atmosphäre • Der trendige, preiswerte Gastro-Pub in vorzüglicher Lage ist beliebt bei Einheimischen und Touristen, weil hier immer viel los ist. Das Restaurant gehört zu einem größeren Unterhaltungskomplex, der bis zu eintausend Personen Platz bietet. Zum Speisen vornehmlich ungarischer Gerichte setzt man sich an einen der Tische, danach geht man wieder in die Menge, die von Popmusik beschallt wird.
Belváros • Zrinyi utca 4 • Metro: Vörösmarty tér • Tel. 0 67 03 30 86 52 • www.otkert.hu • Mo–Mi 11–24, Do–Sa 11–5, So 11–24 Uhr • €–€€

ITALIENISCH

Majd Leonard C 5
Hausgemachte Ravioli • Im Restaurant nahe dem Parlament sitzen gern Parteivertreter. Die Speisekarte ist reichhaltig, es gibt Frühstück, Suppen, opulente Gerichte und ungarische Desserts, aber auch – ein Tipp – hausgemachte Ravioli.
Lipótváros • Balassi Bálint utca 7 • Metro: Kossuth Lajos tér, Tram 2 • Tel. 3 01 38 91 • tgl. 8–22 Uhr • €€€

Osteria Fausto's   D 6
Schick und gut • Ein Restaurant mit anspruchsvollem Design und feiner italienisch-mediterran ausgerichteter Küche. Angeblich sind die Pizzen hier die besten Budapests, auf jeden Fall sind sie das günstigste Gericht.
Belváros • Dohány utca 5 • Metro: Astoria • Tel. 2 69 68 06 • www.fausto.hu • Mo–Fr 12–15 und 19–23, Sa 18–23 Uhr • €€€

Local Korner D 5
Große Pizza • Sehr beliebt bei jungen und älteren Pizza-Fans. Jeder Gast wählt selbst, welcher Belag aus dem Angebot es sein soll. Nur wenige Tische, die Pizza gibt es aber auch zum Mitnehmen.

Terézváros • Szondi utca 19/A •
Metro: Bajza utca • Tel. 7 08 48 00 •
www.localkorner.hu • Mo–Fr
8–21.30, Sa 10–21.30 Uhr • €

JAPANISCH

Kanpai Izakaya   C 5

Sushi & Co. • Ein Bistro im Zentrum
mit günstigen Drei-Gänge-Menüs.
Sushi, Sashimi, Suppen mit Wurzel-
gemüse, Meeresfrüchte und japani-
sche Longdrinks. Bei den gegrillten
Speisen führt die ungarische Küche
Regie. Auch vegetarische Gerichte.
Belváros • Szent István körút 17 •
Metro: Bajcsy-Zsilinszky út, Deák Ferenc tér • Tel. 3 01 03 73 • www.kanpai
izakaya.hu • Mo–Do 11.30–23, Fr, Sa
11.30–24, So 11.30–21 Uhr • €€

MEDITERRAN

Olíva Étterem   C 6

Mediterrane Kost • In einer ruhigen
Seitenstraße der lauten Bajcsy-Zsi-
linszky út mutet das Lokal auf zwei
Etagen an wie ein Restaurant am
Mittelmeer. Hinterm Tresen ge-
schichtetes Holz, geziegelter Kamin,
viele Pflanzen und natürlich Oliven.
Aufmerksame Bedienung. Angebo-
ten werden lokale und mediterrane
Speisen zu vernünftigen Preisen.
Belváros • Lázár utca 1 • Metro:
Bajcsy-Zsilinszky-út • Tel. 3 01 04 35 •
www.olivaetterem.com • tgl. 12–
15 Uhr • €€–€€€

UNGARISCH

🌿 andante Borpatika   B 6

Die Weinapotheke • Der Musikbal-
laden-Star Ákos ist in Ungarn allseits
bekannt. Seitdem er weniger auftritt,
kümmert er sich mehr um seine
»Weinapotheke« an der Kettenbrücke auf Budaer Seite. Das Restaurant
residiert in einem altehrwürdigen
Gebäude in einem Saal mit Kreuzge-
wölbe und historischen Apotheker-
schränken, in denen Spitzenweine
aus dem Villány gelagert werden. In
der warmen Jahreszeit wird auch im
begrünten Innenhof serviert, vor allem die beliebten Schinken- und Sa-
lamiplatten zu Käse. Alle Speisen
kommen aus regionaler und Biopro-
duktion. Abends schöner Blick auf
die Pester Seite und die Basilika.
Víziváros • Bem rakpart 2 • Metro:
Batthyány tér • Tel. 4 57 08 07 •
www.andante-borpatika.hu • tgl.
12–23.30 Uhr • €€€

Aranyszarvas 🍴👤   B 7

Am Fuß des Burgbergs • Das traditionsreiche Lokal mit dem Namen
»Goldener Hirsch«wurde dort, wo
der Weg auf den Burgberg hinauf-
führt, 1705 eröffnet. Es hat nur zwei
barocke Räume, meist sind Kerzen
angezündet, die Gäste sitzen relativ
eng beieinander. Trotzdem gehört
der Ort laut einem Ranking zu den
15 besten Restaurants der Stadt in
puncto Familienfreundlichkeit. Die
Auswahl an Weinen ist umfangreich,
auch an offenen Weinen.
Gellérthegy • Szarvas tér 1 • Tram 18,
19, 41: Döbrentei tér • Tel. 3 57 64 51 •
www.aranyszarvas.hu • tgl. 12–24 Uhr •
€€€

Bock Bisztró   D 6

Zwei Michelin-Sterne • Der Name
Bock gehört einer Familie von Do-
nauschwaben, die sich vor rund 300
Jahren im Süden Ungarns angesiedelt hatten. Dort befindet sich das
beste Weingebiet – und alle Top-
Weine von dort sind in dem Bistro,
untergebracht im Hotel Corinthia,
zu probieren. Es ist glasummantelt,
innen warmes Holz, Bistro-Mobiliar,

Im prunkvollen, neobarocken Kaffeehaus New York (▶ S. 35) trifft sich bis heute die Literaturszene der Stadt – zum Kaffee und zum intellektuellen Austausch.

draußen die Terrasse. Serviert wird ungarische Kost, aber modern komponiert und angenehm leicht.
Erzsébetváros • Erzsébet körút 43–49 • Metro: Blaha Lujza tér • Tel. 3 21 03 40 • www.bockbisztro.hu • Mo–Sa 12–24 Uhr • €€€

Dunacorso   C 6

Am Ufer • In dem Pester Restaurant an der Donau landen viele Besucher der Stadt. Es ist der Blick auf den Fluss, die Promenade mit ihren Flaneuren und die Straßenbahn Nr. 2, der eine besondere Atmosphäre erzeugt. Die traditionelle ungarische Kost kommt in einer raffinierten Mischung aus lokaler und internationaler Küche daher. Fast immer spielt ein Orchester mit Geigen und Oboen auf. Der Bau von 1871 ist im Neorenaissance-Stil gehalten.
Belváros • Vigadó tér 3 • Metro: Vörösmarty tér • Tel. 3 18 63 62 • www.dunacorso.hu • tgl. 12–24 Uhr • €€€

Gundel   E 4

Traditionsreich • War schon im frühen 20. Jh. eines der exklusivsten Restaurants Europas. Gründer Johann

Gundel kam aus dem fränkischen Ansbach, beherrschte vier Sprachen und sorgte für internationales Flair. Könige, Staatspräsidenten und andere Persönlichkeiten speisten hier. Probieren Sie den berühmten Gundel-Palatschinken mit einer Nuss-Rosinen-Rum-Füllung.
Városliget • Gundel Károly út 4 • Metro: Széchenyi fürdő • Tel. 4 68 40 40 • www.gundel.hu • tgl. 12–16, 18.30–24 Uhr • €€€

Kárpátia   C 7
Traditionell und modern • Das Lokal mit seinen vielen Stammgästen ist an Wänden und Decken mit ungarischen Volksmotiven bemalt. Die zum Teil sehr deftigen altungarischen und transsylvanischen Gerichte (u. a. aus dem rumänischen Siebenbürgen mit großer ungarischer Minderheit) sind kleiner als 1877 zur Eröffnung des Lokals, aber auch etwas schwerer. Am Abend spielen Musikanten auf.
Belváros • Ferenciek tere 7–8 • Metro: Ferenciek tere • Tel. 3 17 35 96 • www.karpatia.hu • tgl. 11–23 Uhr • €€€

Mátyás pince   C 7
Rustikal • Besucher sitzen an den Tischen des 1904 eröffneten Matthiaskellers, einst eine Gebets- und Meditationshalle der Franziskaner, unter Wandmalereien. Volkstümlich gekleidete Kellner und Kellnerinnen balancieren die Speisen durchs Lokal, das Bier geht literweise auf die Tische. Geboten wird rustikale nationale Küche mit Konzentration auf Fischgerichten, der kulinarische Renner ist aber das Filet mit Gänseleber.
Józsefváros • Március 15. tér 7 • Metro: Ferenciek tere • Tel. 2 66 80 08 • www.matyaspince.hu • tgl. 11–24 Uhr • €€€

Rezkakas   C 6
Bistro mit Pfiff • Schickes, helles Mobiliar, eleganter Tischservice, aber kein Chichi. Versprochen wird ein Einblick in die Geheimnisse der ungarischen Küche, Empfehlungen geben die Kellner. Es gibt aber auch internationale Küche. Gute Weine.
Belváros • Veres Pálné utca 3 • Metro: Ferenciek tere • Tel. 3 18 00 38 • www.rezkakasrestaurant.com • tgl. 12–24 Uhr • €€€

Kéhli   B 2
Wie im Landgasthaus • Eine gemütliche Csárda, ein typisches ungarisches Gasthaus, gelegen in einem Garten in der Großstadt. Hier kommt kräftige Hausmannskost auf den Tisch, neben Wildgerichten auch Fisch. Dazu gibt es Musik.
Óbuda • Mókus utca 22 • Vorortzug HÉV: Szentlék tér • Tel. 2 50 42 41 • www.kehli.hu • tgl. 12–24 Uhr • €€–€€€

Pest-Buda Bistro   A 6
Familienfreundlich • Seit 1948 in einem 1800 erbauten sanierten Haus in einer altehrwürdigen Straße in Buda. Innen Gewölberaum, außen Terrasse auf dem Bordstein. Großmutters Küche – Gulaschsuppe, was sonst! Huhn mit Paprikasoße und Butternudeln. Dazu gibt es ausgewählte ungarische Weine.
Vár • Fortuna utca 3 • Bus 16, 16A, 116 bis Bécsi kapu tér • Tel. 2 25 03 77 • www.pestbudabistro.hu • tgl. 12–24 Uhr • €€–€€€

Vörös Postakocsi   D 7
Folklore • In der »Roten Postkutsche« in einem Neorenaissance-Gebäude von 1876 geht es ungarisch zu. Zu deftigen Speisen vom Mangalitza-

Schwein und Graurind gibt es Biere und Weine aus ungarischer Herstellung, abends Musik und immer leutselige Stimmung. »Authentisch«, sagen die Betreiber. Die Gäste, Ungarn und Zugereiste, geben ihnen recht.
Terézváros • Ráday utca 15 • Metro: Kálvin tér • Tel. 2 17 67 56 • www.vorospk.com • tgl. 11–24 Uhr • €€–€€€

🌿 **Bagolyvár**   E 4
Gesunde Hausfrauenküche • Die »Eulenburg« liegt im Stadtwäldchen. Sie wird ausschließlich von Frauen betrieben. Die typisch ungarischen Gerichte werden aus Bio-Produkten hergestellt.
Városliget • Állatkerti út 2 • Metro: Hősök tere • Tel. 4 68 31 10 • www.bagolyvar.com • tgl. 11–23 Uhr • €€

Bohémtanya Vendéglö   C 6
Beste Hausmannskost • In dem beliebten Lokal in der City kann man für wenig Geld viel essen und trinken. Die Stimmung ist stets gut und gesellig, Do, Fr und Sa treten außerdem Musikkapellen auf.
Terézváros • Paulay Ede utca 6 • Metro: Bajcsy Zsilinszky utca • Tel. 2 67 35 04 • www.bohemtanya.com • tgl. 12–24 Uhr • €€

Budapest Bisztró   C 5
Legendäre Gulaschsuppe • Ein Ort für Touristen, mit der angeblich besten ungarischen Gulaschsuppe. Die meisten Zugereisten löffeln sie hier und scheinen überzeugt. Gut ist aber auch das Frühstücksangebot – und nicht zu teuer, obwohl das Lokal mitten im Zentrum liegt.
Lipótváros • Vécsey utca 3 • Metro: Arany János utca • Tel. 7 83 07 88 • www.budapest-bistro.hu • Mo–Fr 7.30–24, Sa, So 9–24 Uhr • €€

Gastland Bisztró Oktogon   D 5
Ungarn »light« • Hier gibt es, was die Ungarn unter leichter Küche verstehen: Fleischbällchen in Tomatensauce, eingelegtes Gemüse, gebratenes Huhn. Jeden Tag wird ein anderes Menü zum günstigen Preis angeboten, das lockt auch Büroangestellte aus der Gegend um das Oktogon an. Manche lassen sich zum Schluss doch noch zu einem Somlói-Knödel verlocken, süß und lecker, aber nicht mehr so leicht.
Terézváros • Teréz körút 23 • Metro: Oktogon • Tel. 9 52 14 53 • www.gastlandbisztro.hu • tgl. 8–24 Uhr • €€

Ruben Restaurant   D 7
Sehr ungarisch • Die Speisekarte listet sämtliche nationale Spezialitäten auf, aber sie sind moderner, also etwas leichter. Sehr gutes Preis-Leistungs-Verhältnis, daher gut besucht.
Belváros • Magyar utca 12–14 • Metro: Astoria • Tel. 2 66 36 49 • www.rubenrestaurant.hu • tgl. 12–24 Uhr • €€

Városliget Café & Restaurant   E 4
Schick • Modern-gepflegtes Ambiente mit Aussicht auf den Stadtwäldchensee, immer gut besucht, junges Publikum. Alle Kaffeevarianten. Gediegene Küche, guter Service.
Városliget • Olof Palme setány 5 • Metro: Hősök tere • Tel. 0 63 08 69 14 26 • www.varosligetcafe.hu • tgl. 12–22 Uhr • €€

UNGARISCH-JÜDISCH
Fülemüle   D 7
Feine Küche • Die »Nachtigall«, beliebt bei Politikern und anderen Würdenträgern, residiert in einem typischen Altbau. Die Menüs umfassen eine Auswahl ungarisch-jüdi-

scher Hausmannskost, z. B. Gänse-
suppe mit Matzeknödeln.
Erzsébetváros • Köfaragó utca 5 • Metro: Blaha Lujza tér • Tel. 2 66 79 47 •
www.fulemule.hu • Mo–Do 12–22,
Fr, Sa 12–23 Uhr • €€–€€€

Rosenstein Vendéglö 🔖 E 6
Renommierter Koch • Tibór Rosenstein, einer der besten ungarischen Köche, hatte diverse Stationen
hinter sich, bevor er hier sein Restaurant eröffnete. Die Küche ist gut-
bürgerlich, aber nicht explizit jü-
disch. »Es soll schmecken«, sagt der
Chef. Er habe von seiner Großmutter mehr gelernt als von allen Spit-
zenköchen.
Erzsébetváros • Mosonyi utca 3 •
Metro: Keleti pályaudvár • Tel. 3 33
34 92 • www.rosenstein.hu • Mo–Sa
12–23 Uhr • €€–€€€

CAFÉ-RESTAURANTS

Café Kör 🔖 C 6
Fast wie in Paris • Das Café-Restaurant im Bistro-Stil bietet leichte Küche. Am Abend herrscht großer An-
drang, daher sollte man am besten
reservieren.
Belváros • Sas utca 17 • Metro:
Arany János utca • Tel. 3 11 00 35 •
tgl. 10–22 Uhr

Gerlóczy 🔖 C 7
Ein Hauch altes Budapest • Eigent-
lich ist das Gerlóczy ein Kaffeehaus,
aber neben Süßigkeiten türkischen
Ursprungs gibt es auch kräftigende
ungarische Küche im Erdgeschoss
eines altehrwürdigen Boutique-Ho-
tels. Auf der Terrasse schlürft man
am besten eine kalte Limonade aus
grünem Apfel, Maracuja, Mango
und Lavendel. Das Personal trägt
weiße Bluse oder Hemd und Weste.

Das hat Stil und erinnert an vergan-
gene Zeiten.
Belváros • Gerlóczy utca 1 • Metro:
Deák Ferenc tér • Tel. 5 01 40 00 •
tgl. 7–23 Uhr

New York 🔖 D 6
Edel und anspruchsvoll • Ursprünglich Budapests bestes »kávéház« und
Arbeitsplatz der Schriftsteller – ohne
Kaffeehaus keine Literatur, erklärte
der Dichter Sándor Márai –, heute
nach umfassender Restaurierung ein
neobarocker Prachtort. Alles glänzt
und leuchtet, der Rahmen ist stilvoll,
was sich auch auf die Preise auswirkt.
Aber es ist ein Erlebnis, hier zeremo-
niell einen Kaffee zu trinken. Es gibt
auch eine Speisekarte.
Erzsébetváros • Erzsébet körút
9–11 • Metro: Blaha Lujza tér •
Tel. 8 86 61 67 • www.newyorkcafe.
hu • tgl. 7–22 Uhr

Szamos 🔖 C 6
Süße Verführungen • Lauter Geschäftsleute, und das ist ein gutes
Zeichen, denn sie wissen, wo es
schmeckt. Ursprünglich ging es im
1935 eröffneten Unternehmen im
nahen Szentendre um Marzipan.
Gründer Mátyás Szamos, aus Serbien
zugewandert und als Konditorlehr-
ling groß geworden, avancierte im
Lauf der Jahre zum Marzipankönig.
Seine Nachfahren sind Künstler. Bis
nach Übersee werden die süßen
Köstlichkeiten gesandt. Inzwischen
sind Kuchen, Torten und feine Desserts dazugekommen. Doch vor deren Genuss kann man ungarische
Küche kosten. Sehr aufmerksames
Personal. Zentraler geht's nicht.
Belváros • Váci utca 1 • Metro: Vörösmarty tér • Tel. 5 70 59 73 • www.
szamosmarcipan.hu • tgl. 10–21 Uhr

Einkaufen

Neben dem üblichen Markenangebot gibt es in Budapest
auch ungarische Spezialitäten. Dazu gehören Paprikapulver,
der Magenbitter Unicum, bestickte Kleidung oder Porzellan.

◀ Die ganze Vielfalt ungarischer Produkte ist in der Zentralen Markthalle (▶ MERIAN TopTen, S. 66) versammelt.

Die Váci utca und ihre Nebenstraßen gelten als Einkaufs-Mekka, sind aber vor allem von hochpreisigen Geschäften und Boutiquen besetzt. Die Budapester flanieren hier am liebsten, gekauft wird anderswo. Das wirklich wichtige und auch überraschende Geschäftsviertel ist der **Große Ring** (Nagy körút) zwischen Rákóczi út und Margaretenbrücke. Hier reihen sich die Boutiquen entlang der großen Straße auf etwa 2,5 km Länge, sie drängen sich aber auch in den vielen Portalen und Innenhöfen, die – vielerorts mit Graffiti geschmückten Mauern – mal mehr oder weniger einladend sind. Hier werden vor allem eigenwillige Mode und Accessoires angeboten, vieles davon handgemacht in Ungarn.
Aber auch die **Miksa Falk utca**, eine ruhige Kunstmeile, hat viel zu bieten. Die idyllische Gasse zwischen Parlament und Bajcsy-Zsilinszky út wirkt weltabgewandt, aber hier befinden sich wichtige Galerien und einige der schönsten Geschäfte Budapests.

Keine Verdrängung

In den Turbulenzen der 1990er-Jahre war zu befürchten, dass ausländische Unternehmen der ungarischen Konkurrenz hart zusetzen würden. Doch die Einheimischen sind weiter gut im Geschäft, sie führen Einkaufszentren und vor allem die Läden mit typischen Hungarica, auch in der Mode, die man als Besucher besonders beachten sollte. Ebenso sind Flohmärkte bunt, lebendig und deshalb interessant. Die üblichen **Öffnungszeiten** sind 10–19 Uhr, immer mehr

bis 20 Uhr. Samstags sind Geschäfte und Kaufhäuser von 9–15 Uhr, manche auch bis 18 Uhr geöffnet. In Reisebüros und Hotels liegt der »Shopping Guide Budapest« aus, der über Angebote und aktuelle Entwicklungen informiert. Für Besucher aus der Eurozone lohnt sich der Einkauf, denn der Umrechnungskurs ist nach wie vor günstig.

ANTIQUARIATE UND BUCHLÄDEN
Biblioteka Antikvárium   C 6
Es ist der Geruch alter Bücher, ihr Charme, die Gebrauchsspuren mitsamt Eselsohren und Anstreichungen, die den Aufenthalt hier für Bibliophile zum Genuss machen.
Terézváros • Andrássy út 2 • Metro: Bajcsy-Zsilinszky út • www.antikvarium.hu

Központi Antikvárium   D 7
Im ältesten und größten Antiquariat Budapests werden über eine halbe Million Bücher gehortet, darunter auch deutschsprachige. Es finden Auktionen statt, auch im Internet.
Belváros • Múzeum körút 13–15 • Metro: Astoria • www.kozponti antikvarium.hu

Libri Könyvpalota   D 6
Gut sortierte Buchhandlung auf zwei Etagen, gutes Reiseführerangebot in mehreren Sprachen und zahlreiche Sitzgelegenheiten, um zu schmökern.
Belváros • Rákóczi út 12 • Metro: Astoria

ANTIQUITÄTEN
BÁV   B 4
Hinterlassenschaften vieler Art aus dem 18. und 19. Jh., Barock, Jugendstil und Art déco, werden in Verkaufsstellen von BÁV (Bizomány Kereskedöház) angeboten. Großteils

handelt es sich um Gold, Silber, Edelsteine, Porzellan und Gemälde. Es kann gehandelt werden.
Rózsadomb • Frankel Leó ú 13 • Tram 4, 6 • Belváros • Kossuth Lajos utca 1 • Metro: Ferenciek tere • www.bav.hu

GLAS UND PORZELLAN

Amfora Studio   C 7
Dieses Geschäft ist eine Institution. Hier wird mundgeblasenes Glas und Porzellan, auch Bleikristall verkauft.
Belváros • Kossuth Lajos utca 4 • Metro: Ferenciek tere, Astoria

Herend   C 6
Was den Deutschen das Meissner Porzellan, ist den Ungarn ihr Herend-Porzellan. Und nicht nur ihnen! Sisi, die Gemahlin von Kaiser Franz Joseph, kaufte in Herend ein. Bei Festlichkeiten in Wien und Budapest speiste man vom handbemalten Porzellan. Auch Queen Victoria entdeckte 1896 beim Besuch der Weltausstellung in Budapest Herend und orderte für den königlichen Gebrauch in London. Wer auf dem Niveau mithalten will, muss schon tief in die Tasche greifen, aber die Qualität ist hochwertig und die Ware wird gut verpackt ins Ausland transportiert. Das war schon 1826 so, nachdem Mór Fischer die Porzellanherstellung begonnen hatte. Heute ist sie klassisch und weltberühmt.
Terézváros • Andrássy út 16 • Metro: Kodály Körönd • Belváros • József Nádor tér 11 • Metro: Vörösmarty tér • Vörösmarty tér 19–21 • Metro: Vörösmarty tér • www.herend.com

Zsolnay   C 7
1852 begann die Zsolnay-Erfolgsgeschichte. Miklós Zsolnay gründete in Pécs eine Keramikfabrik und stellte Tontöpfe, Baukeramik und andere Produkte her. Unter seinen Nachfolgern wurde Porzellan industriell produziert. Es gab Krisen, eine Insolvenz, Wiederanfang, Verstaatlichung, Privatisierung. Heute ist Zsolnay eine Aktiengesellschaft. In Budapest gibt es drei Repräsentanzen.
Belváros • Váci utca 30 • Metro: Vörösmarty tér • Belváros • Kossuth út 4–6 • Metro: Astoria • Újlipótváros • Pozsonyi út 11 • Metro: Lehel tér • www.bulvar-zsolnay.hu

HUNGARICA

Folkart Centrum   C 7
Puppen mit riesigen Augen, handgewebte Decken, knallbunte Malerei, viel Keramik. Das ganze Spektrum ungarischer Volkskunst wird hier für Touristen ausgebreitet. Was davon »made in Hungary« und was »made in China« ist – wer weiß es?
Belváros • Váci utca 58 • Metro: Vörösmarty tér • www.folkartcentrum.hu

Haus der ungarischen Weine

A 6
Im Präsentationskeller des Magyar Borok Háza nahe der Matthiaskirche lagern mehr als 750 Weine aus sämtlichen ungarischen Anbaugebieten. Besucher erhalten zur Verkostung ein Ticket und ein Glas und können bis zu 40 Weine testen. Zwischendurch wird deren Wirkung durch ein bisschen Knabbern am Pogatschen-Salzgebäck gemindert.
Vár • Szentháromság tér 6 • Standseilbahn (Sikló), Bus 16 • www.winehouse.hu • tgl. 12–20 Uhr

Pálinka Háza   D 7
Früher war der Pálinka ein gewöhnlicher Schnaps, heute ist er ein Edelobstbrand. Mit österreichischer Ent-

wicklungshilfe sind Top-Destillerien entstanden, mehrere Brände wurden auf internationalen Messen ausgezeichnet. Im Mai findet das populäre Pálinka-Festival statt.
Belváros • Rákóczi út 17 • Metro: Astoria • www.magyarpalinka haza.hu, www.budapestipalinka fesztival.hu

KUNST UND KUNSTHANDWERK

Antik Zsolnay   C 5
Das Familienunternehmen aus der südungarischen Stadt Pécs gab im 19. Jh. für seine Ziegel eine Haltbarkeitsgarantie von hundert Jahren. Manche davon, etwa bei den Jugendstildächern eines Ödön Lechner, haben diese Zeit bereits überschritten – und glänzen immer noch. Antik Zsolnay ist auf Keramiken spezialisiert, die aus einer ganz eigenen, 1893 vom Firmenchef Vilmos Zsolnay kreierten Glasur mit den irisie-

renden Farben Rot, Blau und Grün bestehen. In der Epoche des Art nouveau waren das die dominierenden Farben. Die Keramiken sind alle hitze- und frostbeständig.
Lipótváros • Falk Miksa utca 28 • Tram 2, 4, 6: Jászai Mari tér • www. antikzsolnay.hu

Csók István Antikvitas   C 7
Im Angebot ist hier eine breite Palette an Antiquitäten, aber auch Liebhaber zeitgenössischer Kunst könnten fündig werden.
Belváros • Váci utca 23 • Metro: Vörösmarty tér • www.csokantikvitas.hu

Erlin Klub Galéria   D 8
Im Klub trifft sich die Budapester Kunstelite, trinkt Bier und Wein, fachsimpelt und beäugt ständig wechselnde Ausstellungen.
Terézváros • Ráday utca 49 • Metro: Corvin-negyed • www.erlin.hu

In der Schuhmacherwerkstatt László Vass (▶ S. 41) werden die Schuhe noch in aufwendiger Handarbeit hergestellt – maßgeschneidert und aus feinstem Leder.

KILIM a nomád szönyeg   📖 C 7

Die größte Auswahl an Teppichen in Ungarns Hauptstadt, von fein bis grob, von günstig bis teuer. Sie kommen aus dem Iran, der Türkei und vom Balkan. Die handlichen Kilims sind gut zu transportieren.
Belváros • Irányi utca 5 • Metro: Ferenciek tere • www.kilim.hu

Kundra Antikvitas   📖 C 7

Hier wird vor allem Silber verkauft, meist aus alten Sammlungen. Es empfiehlt sich zu feilschen, denn am Anfang werden hohe Preise gefordert.
Belváros • Váci utca 46 • Metro: Ferenciek tere

Moro Antik   📖 C 5

Hier wird vorwiegend asiatische Kunst angeboten, darunter sehr ausgefallene Stücke. Dazu gehören historische Waffen, aber auch verzierte Gehstöcke, vielfältige Holz- und Eisenarbeiten aus dem alten China und Japan, aber auch aus Mittelasien.
Terézváros • Falk Miksa utca 13 • Tram 2, 4, 6: Jászai Mari tér • www.moro antik.hu

Pintér Antik   📖 C 5

Möbel, Teppiche, Lampen, Silberwaren und Schmuck werden in den riesigen Kellergewölben seit 1990 angeboten. Péter und Sonja Pintér sind couragierte Geschäftsleute. Inzwischen betreiben sie noch eine Galerie für zeitgenössische Kunst.
Terézváros • Falk Miksa utca 10 • Tram 2, 4, 6: Jászai Mari tér • www. pinterantik.hu

LEBENSMITTEL

Markthalle Batthyány tér   📖 B 5

Die historische Markthalle, 1902 errichtet im Ziegelsteinbau mit Stahl-

rahmen an einem zentralen Platz in Buda an der Donau, bietet einen mehrgeschossigen Supermarkt. Der Platz ist benannt nach Graf Lajos Batthyány, unter Habsburg ungarischer Premierminister und von der österreichischen Armee hingerichtet, weil er die Revolte 1848 unterstützte. Der Palatschinken-Laden Nagymama (»Großmutter«) ist vor allem bei jungen Leuten beliebt.
Víziváros • Batthyány tér 5 • Metro: Batthyány tér

Culinaris   📖 D 5

Klein, aber fein. Der Delikatessenladen bietet kulinarische Köstlichkeiten wie Antipasti, Salami, Käse und Wein – und das vom Feinsten.
Óbuda • Perc utca 8 • Metro: Vörösmarty utca • www.culinaris.hu

Zangio   📖 D 6

In der Innenstadt, gegenüber vom Garten der Großen Synagoge, steht an der Tür des Eckhauses auch auf Deutsch   »Schokoladenwerkstatt«. Hier stellen Zoltán Pap und seine Mitarbeiter feine Pralinen und Trüffel aus hausgemachtem Kakaopulver und Kaffee her, alle handgemacht und laut Eigenwerbung eine »zartschmelzende Glückseligkeit«.
Erzsébetváros • Wesselelényi utca 6 • Metro: Astoria • www.zangio.hu

⭐ **Zentrale Markthalle**   📖 D 6
▶ MERIAN TopTen, S. 66

MODE
Deák Ferenc utca – Fashion Street
📖 C 6

Den Beinamen »Fashion Street« erhielt die Straße zwischen Vörösmarty tér und Deák Ferenc tér 2007 von Marketingstrategen. Es handelt sich

um eine konzentrierte Ansammlung internationaler Designer und Labels von Boss über Tommy Hilfiger und Nike bis Zara, die hier das anbieten, was sie weltweit in ähnlichen Geschäften vertreiben. Wer sich einkleiden, Kosmetik oder Schmuck kaufen möchte, hat eine große Auswahl – und es ist etwas günstiger als in deutschen Einkaufsstraßen.
Belváros • Deák Ferenc utca • Metro: Deák Ferenc tér • www.fashion street.hu

Printa   C 6
Im Design-Shop mit dem integrierten Café gibt es Öko-Mode, die gar nicht dröge anmutet und größtenteils mit Siebdruck beschichtet ist, der Spezialität des Ladens. Dazu sind viele schicke Accessoires wie Tücher, Handtaschen oder Rucksäcke im Angebot. Das Verpackungsmaterial ist Upcycling-Ware.
Erzsébetváros • Rumbach Sebestyén utca 10 • Metro: Deák Ferenc tér • www.printa.hu

Retrock Deluxe   C 6
Kleine, meist vielversprechende und überwiegend ungarische Labels mit oft avantgardistischem Design zeigen hier ihre Kreationen. Der Laden ist als großer Kleiderschrank inszeniert, in dem eine modebewusste Klientel sich über Trends informiert und das Angebot sondiert.
Belváros • Anker köz 2 • Metro: Deák Ferenc tér • www.retrock.com

Silka   C 6
Der große Flagship-Store der neuen ungarischen Modelinie befindet sich im mondänen Viertel der Stadt. Er verkauft aktuelle und elegante Mode für sie und für ihn.

Terézváros • Andrássy út 7–9 • Metro: Deák Ferenc tér • www.silka fashion.com

SCHUHE

László Vass   C 7
Schuh-Fans reisen sogar aus dem Ausland zum Maßnehmen an. Der international bekannte Schuhmacher László Vass ist ein Künstler, seine Schuhe sind handgearbeitet und bestehen aus hochwertigem Leder, sie sind maßgeschneidert, präzise verarbeitet und erstklassig. Das hat seinen Preis, aber die Schuhe aus dem Geschäft in einer Seitenstraße der Váci utca haben eine lange Lebensdauer. Am meisten gehen bei Vass »Budapester« über den Tresen. Der Traditionsschuh wird in mehreren Ausfertigungen offeriert. Es gibt aber auch andere Schuhe – in diesem Geschäft mehr für Herren.
Belváros • Haris köz 2 • Metro: Vörösmarty tér • www.vass-cipo.hu

Josef Seibel   D 5
Das Traditionsgeschäft, das mit »The European Comfort Shoe« wirbt, ist gut vernetzt mit italienischen und anderen Schuhfirmen und hat viele schicke Modelle.
Belváros • Teréz körút 39 • Metro: Oktogon • Rózsadomb • Attila út 34 • Metro: Déli pályaudvár • www.josef seibelshop.hu

Tisza Cipö   D 6
Kreiert wurde die Marke mit dem stilisierten »T« schon im Realsozialismus. Nach dessen Abgang wurde sie Kult. Es gibt Schuhe für Frauen und Männer, überwiegend Sportswear und Sneaker-orientiert.
Belváros • Károly körút 1 • Metro: Deák Ferenc tér • www.tiszacipo.hu

Am Abend

In der neuntgrößten Stadt Europas ist abends immer etwas los. Touristen und Einheimische mischen sich in Kneipen, Clubs und Sommergärten der Innenstadt.

◄ Die alternative Szene der Stadt trifft sich gern im Szimpla Kert (▶ S. 44).

Das Epizentrum des Nachtlebens ist die Pester Innenstadt zwischen Donau und Großem Ring, vor allem um die Boulevards **Erzsébet körút** (im Viertel Erzsébetváros) und **Teréz körút** (in Terézváros). Auf Budaer Seite hingegen gibt es kaum attraktive Nightlife-Angebote. Übersicht verschafft man sich mit dem in Restaurants und Clubs ausliegenden Heft »Nightlife« oder fragt Einheimische, welche Locations derzeit angesagt sind. Türsteher vor manchen Clubs achten auf die Kleidung, es gibt aber keine Vorgaben. Abgewiesen werden zu leger Angezogene und Betrunkene.

Beliebt sind **Ruinenkneipen**, Bars in abgetakelten Häusern und Hinterhofen. Dort treten Künstler aller Art und Bands auf, auch viele Überlebenskünstler sind hier zu Hause.

Im öffentlichen Nahverkehr sind ab 24 Uhr **Nachtbusse** im Einsatz, sie tragen die Nummer 900, man kann sie ohne Aufpreis nutzen. Bei Nutzung eines Taxis sollte der Chauffeur unter Angabe des Fahrziels nach dem Preis gefragt werden.

ALTERNATIV

Dürer Kert　　📖 F 5

Chillen und Feiern am Stadtwäldchen. In einem Gebäude der Universität, das aussieht wie eine Fabrik, aber in Dürer-Garten umbenannt wurde, trifft sich studentisch geprägtes, aber auch anderes Publikum. Neben der Disco finden auch Livekonzerte unterschiedlichster Richtungen statt, von Rock über Indie bis zu Hip-Hop, und es gibt einen Lounge-Bereich zum Erholen. In der warmen Jahreszeit drängt alles in den großen Biergarten im Innenhof.
Istvánmező • Ajtósi Dürer sor 19–21 • Metro: Hungária körút, Bus 5, 7, 173, O-Bus 74, 75 • www.durerkert.com • tgl. 18–3 Uhr

Instant　　📖 C 5

»The biggest ruin pub in Budapest« lautet die stolze Eigenwerbung. Die beliebte Location der Underground-Szene umfasst zwei Gärten, 26 Räume und sieben Trinktheken. Party gibt es jeden Tag – und der Eintritt ist immer frei. Man will alternativ sein, und ist es. Ein Eintrittsticket wäre neoliberale Geldmache, das will man nicht. Dies ist ein Ort zum Abhängen, zum Tanzen und um andere Leute kennenzulernen.
Terézváros • Nagymező utca 38 • Metro: Opera, Oktogon • www.instant.co.hu • tgl. 18–4 Uhr

Pótkulcs　　📖 D 5

Der »Ersatzschlüssel« auf dem Areal des Westbahnhofs hat sich in einem leer stehenden Haus festgesetzt. Der Besuch ist kostenlos, das Bier günstig, der Biergarten ein lauschiger Ort. Die Kneipe ist ein Gewölberaum, neben Popmusik sind hier Folk und Jazz zu hören.
Terézváros • Csengery utca 65/b • Metro: Nyugati pályaudvár • www.potkulcs.hu • So–Mi 17–1.30, Do–Sa 17–2.30 Uhr

Romkert　　📖 C 7

Wer die Elisabethbrücke in Richtung Buda überquert, hört schon Musik, die die Outdoor-Partys am Fuß des Gellértbergs begleitet. Das Ruinengarten-Areal an der Donau vor dem Rudas-Thermalbad wird von Laternen, Spotlights und dem Mond be-

Die nach dem Zweiten Weltkrieg aufwendig restaurierte Ungarische Staatsoper
(▶ S. 46) lässt sich auch außerhalb einer Aufführung bewundern.

strahlt. Getanzt wird draußen unter Bäumen. Neben jüngerem Publikum, das sich seine Getränke z. T. selbst mitbringt, gibt es auch ältere, etwas gesetztere Gäste, die meist die Bar umlagern. Das bunte, lärmige Treiben am Fluss ist allerdings nur in der warmen Jahreszeit möglich.
Gellérthegy • Döbrentei tér 9 • Metro: Szent Gellért tér, Tram 18: Döbrentei tér • www.rudasromkert.hu • April–Sept. Di–Sa 12–3, So, Mo 12–20 Uhr

Szimpla Kert   📖 D 6
Sanierungsbedürftiges Gebäude mit Hinterhof in guter Lage, kulturell zwischengenutzt. Der Szimpla Kert (»einfacher Garten«) ist die Ur-Ruinenkneipe der Hauptstadt und hat sogar einen Ableger in Berlin-Friedrichshain. Die Sperrholzmöbel-Atmosphäre ist von Toleranz geprägt. Es gibt viel zu trinken und ein bescheidenes Speiseangebot. Hin und

wieder Filme, Diskussionen, Lichtarchitekturen auf Leinwänden.
Terézváros • Kazinczy utca 14 • Metro: Oktogon • www.szimpla.hu • So–Do 12–3, Fr, Sa 12–4 Uhr

CLUBS UND DISCOS

A38   📖 D 9
Täglich Party im Bauch eines ehemaligen ukrainischen Lastenschiffs. Fest vertäut liegt es an der Budaer Seite der Petöfi-Brücke. Man geht erst ins Restaurant (11–23 Uhr) und dann auf Deck zum Chillen, bis unten die Livemusik einsetzt.
Újbuda • Petöfi híd, Budaer Seite • Vorortzug HÉV: Boráros tér, dann über die Brücke; Tram 4, 6: Petöfi híd • www.a38.hu • Mai–Sept. tgl. 11–4 Uhr

Akvárium   📖 C 6
Fast ein Intellektuellenclub, selbst die Computermusik klingt irgendwie »akademisch«. Authentisch sind

hingegen die Livekonzerte. Alles findet unter der Erde statt, im Bautorso, dem einstigen Fundament des geplanten Nationaltheaters, das hier nicht verwirklicht wurde.
Belváros • Erszébet tér 12 • Metro: Deák Ferenc tér • www.akvariumklub. hu • Mo–Fr 20–1, Sa 12–4.30 Uhr

Corvintetö   D 6

DJ Mira Joo, DJ Cadik oder DJ Wondawulf sind an den Hebeln, bestimmen Musik und Lautstärke in der fünften Etage eines Kaufhauses. Rund 600 m² überdachte Dachfläche mit einem großen Balkon stehen für bis zu 850 Besucher zur Verfügung, der Blick auf die nächtliche Stadt ist grandios. Gespielt wird elektronische Musik, alles wogt.
Józsefváros • Blaha Lujza tér 1–2, Eingang auch Somogyi Béla utca • Metro: Blaha Lujza tér • www. corvinteto.hu • Mi–Sa 21–6 Uhr

Morrison's Opera   C 6

In diesem Club am Großen Ring gibt es mehrere Tanzflächen für hauptsächlich junges Publikum, darunter viele Studenten. Hier wird abgetanzt, bis es nicht mehr geht.
Terézváros • Szent István körut 11 • Metro: Oktogon • www.morrisons. hu • tgl. 17–4 Uhr

KINOS

Corvin Mozi   D 8

Das schöne und beliebte Filmtheater von 1923 war während des Ungarnaufstands 1956 eine Basis des Widerstands, woran noch Gedenktafeln erinnern. Heute zeigt es in sechs Sälen aktuelle Filme, auch auf Englisch.
Józsefváros • Corvin köz 1 • Metro: Corvin-negyed • Tel. 4 59 50 50 • www.corvinmozi.hu

Uránia Nemzeti Filmszínház   D 6

Das »Nationale Filmtheater« ist ein Bau im maurischen Stil mit viel Zierat, der jüngst saniert wurde. Hier kommen nahezu alle ungarischen Filmpremieren zur Aufführung.
Belváros • Rákóczi út 21 • Metro: Astoria, Bus 5, 7, 173, 178 • Tel. 4 86 34 13 • www.urania-nf.hu

 MERIAN Tipp

KULTURVIERTEL MILLENNIUMSSTADT

Budapests jüngstes Vorzeigeviertel entstand dort, wo vor einem Jahrhundert noch Schlachthäuser standen. Spektakulär ist der Palast der Künste mit einem der modernsten Konzertsäle Europas.   ▶ S. 16

KLASSIK, MUSICALS, THEATER
Budapesti Operett Színház (Budapester Operettentheater)   D 5

Ungarn sind temperamentvolle Zeitgenossen, bei Operetten und – immer häufiger – Musicals applaudieren sie wie entfesselt.
Terézváros • Nagymező utca 17 • Metro: Oktogon • Tel. 2 69 38 70 • www.operettszinhaz.hu

Erkel Színház (Erkel-Theater)   E 6

Das 1911 im Jugendstil errichtete Privattheater musste 2007 geschlossen werden. Nach umfassender Restaurierung ist die nach dem Opernhaus zweite Opernbühne der Stadt 2014 wieder eröffnet worden. Sie ist benannt nach Ferenc Erkel, einem der Großen der Musik.

Erzsébetváros • János Pál papa
tér 30 • Metro: János Pál papa tér •
Tel. 3 32 61 50 • www.opera.hu

**Liszt Ferenc Zeneakadémia
(Franz-Liszt-Musikakademie)**
                                   D 6
Es war der große Franz Liszt, der
die Musikakademie einst gründete,
einen inzwischen für 14 Mio. €
sanierten Jugendstilpalast vom Beginn des 20. Jh., stellen Musiker ihr
Können unter Beweis. Auf dem Programm stehen viele hochklassige
Konzerte. Der große Saal ist fast
übertrieben prachtvoll gestaltet.
Terézváros • Liszt Ferenc tér 8 •
Metro: Oktogon • Tel. 4 62 46 00 •
www.lfze.hu

 MERIAN Tipp

PESTER REDOUTE

Das Haus klassischer Musik, auch
Pesti Vigadó genannt, ist nach langer
Restaurierung wieder geöffnet. Das
Meisterwerk der ungarischen Spät-
romantik, ein Liebling der Budapester
Musikfans, hat in der Vergangenheit
schon viele Gesangstars und Konzert-
höhepunkte erlebt.   ▶ S. 17

**Madách Szinház
(Madách-Theater)**   D 6
Auf mindestens einer der drei Büh-
nen läuft ein Musical. Ansonsten ist
dies das Budapester Schauspielhaus.
Um die Jahrtausendwende reno-
viert, besitzt es eine gute technische
Ausstattung und ist klimatisiert.
Terézváros • Erzsébet körút 29–33 •
Metro: Oktogon, Blaha Lujza tér •
Tel. 4 78 20 41 • www.madach
szinhaz.hu

**Magyar Állami Operaház
(Ungarische Staatsoper)**   C 6
Gemeinsam mit dem Erkel-Theater
soll das Haus 90 Opern im Repertoire
haben. Es trumpft auf mit Pomp,
Plüsch, Blattgold und großer Vergangenheit. Der palastartige Bau wurde
1884 von Miklós Ybl eingeweiht und
nach den Schäden des Krieges mit
großem Aufwand rekonstruiert.
Terézváros • Andrassy út 22 • Metro:
Opera • Tel. 3 53 01 70 • Führungen tgl.
15 und 16 Uhr (2900 Ft, erm. 1900 Ft) •
www.opera.hu

**Müvészetek Palotája
(Palast der Künste)**   D 9
Ein Besuch für Kulturinteressierte in
dem 2005 eröffneten Klanggebäude
ist unbedingt empfehlenswert. Der
mit dem aus Kanada stammenden
Ahornholz getäfelte große Saal hat
eine ausgezeichnete Akustik. Neben
klassischen Konzerten sind auch
Popmusiker auf der Bühne, zudem
gibt es Kindertheater. Im unteren
Geschoss befindet sich das großartige Ludwig-Museum (▶ S. 86).
Ferencváros • Marcelli utca 1 •
Vorortzug HÉV: Közvágóhíd; Tram 2,
24: Millenniumi Kulturális Központ •
Tel. 5 55 30 00 • www.mupa.hu •
öffentlicher Bereich tgl. 10–18 Uhr
zugänglich

**Nemzeti Színház
(Nationaltheater)**   D 9
Das Nationaltheater wurde im Jahr
2000 im Millenniumsviertel an der
Lágymányosi-Brücke eröffnet, allerdings gefällt nicht allen die Lage am
Innenstadtrand. Sehr gute Akustik,
1000 Sitzplätze.
Ferencváros • Bajor Gizi park 1 • Vorortzug HÉV: Közvágóhíd • Tel. 4 76
68 00 • www.nemzetiszinhaz.hu

Der Palast der Künste (▶ S. 46) ist ein moderner Kulturkomplex, der neben Theater- und Konzertsälen auch dem hervorragenden Ludwig-Museum Platz bietet.

Trafó  D 8

Das Haus Zeitgenössischer Künste ist seit 1998 einer der beliebtesten Schauplätze von Künstlern und Ensembles aus Ungarn und aller Welt. Programme und Performances sind fast durchweg gut besucht, meist handelt es sich um avantgardistische und alternative Kunstrichtungen.
Ferencváros • Liliom utca 41 • Metro: Corvin-negyed • Tel. 2 15 16 00 • www.trafo.hu

VOLKSTANZ

Hagyományok Háza (Haus der Ungarischen Traditionen) B 6

Ungarn ringt um seine Identität. Die Budaer Redoute (Budai Vigadó) ist seit ihrer Renovierung zu einem wichtigen Ort des ungarischen Selbstverständnisses und der Pflege des nationalen Kulturguts geworden. Dort präsentiert das Staatliche Ungarische Folklore-Ensemble (Magyar Állami Népi Együttes) traditionelle Tänze und die dazugehörige Musik.
Víziváros • Corvin tér 8 • Metro: Batthyány tér, weiter mit Tram 19, 41, Bus 86: Halász utca • Tel. 2 25 60 49 • www.hagyomanyokhaza.hu

RaM Colosseum C 3

Das folkloristische Ungarn in der Musik und im Tanz ist auch in Budapest präsent und populär. Im RaM Colosseum tritt die Tanzgruppe ExperiDance auf, ihr Leiter ist Sándor Roman. Vital und mutig werden zeitgenössische Folkloretänze aus ihren Traditionen heraus weiterentwickelt, ohne verfälscht zu werden. Da spielen sogar Roma und ihre Kunst eine Rolle, in Ungarn ein heikles Thema.
Újlipótváros • Kárpát utca 23 • Metro: Lehel tér, O-Bus 75: Vág utca • Tel. 2 22 52 54 • www.ramcolosseum.hu

Familientipps

In Budapest können Kinder und ihre Eltern Eisenbahn fahren, in ein Labyrinth steigen, spannende Experimente verfolgen und im Zirkus die Kunststücke der Artisten bewundern.

◄ Im Tropicarium (▶ S. 51) gewährt ein Tunnel Einblick in die Unterwasserwelt.

Állatkert
(Zoologischer Garten)　　🏛 E 4

Als der Budapester Zoo 1866 gegründet wurde, spendete Kaiser Franz Joseph 34 Tiere, seine Ehefrau Sisi eine Giraffe. Heute leben im Zoo ca. 700 Arten, insgesamt rund 3000 Tiere. Einige davon sind in Jugendstilbauten untergebracht, schon das riesige Elefantentor am Eingang zeigt, dass dem Reich der Tiere auch architektonische Eleganz gegeben werden sollte. Im 20. Jh. wurden noch das Palmen- und Elefantenhaus sowie – im siebenbürgischen Stil – Fasanen-, Vogel- und Affenhaus errichtet. Der Zoo wird seit Jahren modernisiert, zuletzt wurde ein Bereich mit Tieren der Savanne eingerichtet. Für Kleinkinder gibt es einen Streichelzoo. Városliget • Állatkerti körút 6–12 • Metro: Széchenyi fürdő • Tel. 2 73 49 00 • www.zoobudapest.com • Jan., Feb. 9–16, März, April 9–17.30, Mai–Aug. 9–19, Sept. 9–18, Okt. 9–17.30, Nov., Dez. 9–16 Uhr • Eintritt 2500 Ft, erm. 1800 Ft, Familienticket 7300 Ft

Budakeszi vadaspark
(Wildpark)　　🏛 westl. A 4

Der Park ist eine 30 ha große, grüne Insel, die sich im Tal zwischen den Budaer Bergen befindet und vom Stadtzentrum aus in einer Dreiviertelstunde erreichbar ist. Hier kann man ungarische und europäische Wildtiere in ihrer ursprünglichen Umgebung beobachten. Vögel, Wölfe und kleine Raubtiere leben hier. Das größere Hochwild, wie Hirsche, Wildschweine und Büffel, hat in geräumigen Wildgehegen sein Zuhause. An der höchstgelelegenen Stelle des Wildparks gibt es einen Aussichtspunkt mit Rastplatz. Budakeszy • Szanatórium utca • Bus 22A, 222 ab Széll Kálmán tér bis Szanatórium utca • www.vadaspark-budakeszi.hu • Mo–Fr 9–15.30, Sa, So 9–16 Uhr • Eintritt 1300 Ft, erm. 650 Ft

Csodák palotája
(Palast der Wunder)　　🏛 südl. B 10

In dem Erlebnishaus hat eine Stiftung auf mehr als 1000 m² ein »Spielhaus« für Kinder eingerichtet. Dem Nachwuchs werden auf interaktive Weise, aber auch durch Vorführung von physikalischen Gesetzmäßigkeiten Technik und Wissenschaft nahegebracht. Austoben können sie sich auf einer Laufstrecke und an einer Kletterwand. Viel besser als Mathe- oder Physikunterricht in der Schule! Budatétény • im Einkaufszentrum Campona • Nagytétényi út 37–43 • Vorortzug HÉV bis Endstation Budatétény, Bus 233 ab Astoria • Tel. 8 14 80 50 • www.csodapalota.hu • Mo–Fr 9–19, Sa, So 10–20 Uhr • Eintritt 2400 Ft, erm. 1800 Ft, Familienticket 6900 Ft

Fővárosi Nagycirkusz
(Zirkus)　　🏛 E 4

Der hauptstädtische Zirkus befindet sich gleich neben dem Zoo in einem festen, klimatisierten Gebäude,. Das Zirkuszelt aus Stein wurde 1891 eröffnet, wird bis heute betrieben und ist das älteste Zirkusunternehmen in Mitteleuropa. Die großartige artistische Tradition Mittelosteuropas wird hier gepflegt. Ob aus Ungarn oder der ganzen Welt – alle Artisten sind erstklassig. Die Show ist bunt, rasant, abwechslungsreich und voller Überraschungen.

Városliget • Állatkerti körút 12/a • Metro: Széchenyi fürdő • Tel. 3 43 83 00 • www.fnc.hu • Shows Mi–Fr 15, Sa 11, 15 und 19, So 11 und 15 Uhr • Eintritt ab 4900 Ft, erm. 3300 Ft

Gyermekvasút (Kindereisenbahn)   westl. A 6

Die Schienenfahrt geht von Széchenyi-hegy nach Hüvösvölgy und in den Waggons spielen die Kinder Eisenbahner. Sie tragen blaue und rote Kappen, verkaufen und prüfen Fahrscheine, informieren über Abfahrtszeiten und bedienen Ampeln, Weichen und Stellwerke. Der Lokführer allerdings ist erwachsen, auch andere MÁV-Mitarbeiter beaufsichtigen die Kinder. Die Schmalspurbahn legt die 11 km lange Strecke in 50 Minuten zurück. Am Jánosberg führt die Bahn durch ein ausgedehntes Waldgebiet. Széchenyi-hegy • Hegyhát út 3 • Tram 65 vom Széll Kálmán tér (früher Moszkva tér) bis Endstation • Tel. 3 95 54 20 • www.gyermekvasut.hu • Sommer tgl. 9–19, Winter Di–So 9–17 Uhr (Fahrplan online) • hin und zurück 1400 Ft, erm. 700 Ft

Libegö Zugliget – Jánoshegy (Sessellift auf den Jánosberg)   westl. A 4

Der 527 m hohe Jánosberg befindet sich an der westlichen Stadtgrenze Budapests in einem Naherholungsgebiet. Schon Anfang des 20. Jh. gab es eine Sesselliftkonstruktion den Berg hinauf, 1970 wurde sie nach kompletter Erneuerung wiedereröffnet. Die Gondeln hängen an Stahlseilen, insgesamt werden 1040 m zurückgelegt, das dauert 15 Minuten. Bei der Fahrt aus dem Tal hinauf und zurück bieten sich verschiedene Stadtansichten.

Jánoshegy • Zugligeti út 97 • Bus 158 vom Széll Kálmán tér bis Zugliget • www.bkv.hu • tgl. ab 10 Uhr, im Sommer 18–19, im Winter 16–17 Uhr • hin und zurück 1600 Ft, erm. 800 Ft

Szabadtéri Néprajzi Múzeum (Freilichtmuseum Skanzen)

▸ S. 107, nordwestl. a 1

Auch hier pufft und zischt eine historische Eisenbahn, damit es für die Jüngsten nicht zu anstrengend wird. Ungarns größtes Freilichtmuseum zeigt bei Szentendre auf rund 60 ha die traditionelle Dorfkultur. Zu betreten sind Wohnkaten, in denen sich schon Zwölfjährige ducken müssen, Mühlen und Kirchen mit holzgeschnitzter Inneneinrichtung. Die ganze Entwicklung der Wohn- und Arbeitsverhältnisse in mehr als 1000 Jahren wird plastisch vorgestellt. Es finden thematische Veranstaltungen statt, vor allem zu Ostern und Pfingsten, Kunsthandwerker werkeln vor aller Augen, und die ganze Bandbreite ungarischer Folklore tritt auf. Szentendre • Sztaravodai út 1 • Vorortzug HÉV von Batthyány tér bis Endstation Szentendre, dann mit Bus vom Haltestelle Nr. 7 • Tel. 06 26/ 50 25 37 • www.skanzen.hu • Ende April–Anfang Okt. Di–So 9–17, Nov.–Mitte Dez. Sa, So 10–16 Uhr • Eintritt 2000 Ft, erm. 1800 Ft, Kinder 700 Ft

Tropicarium   südl. B 10

In der großen, komplett überdachten Anlage – ein Teil des Einkaufszentrums Campona – werden Tiere des Meeres und des tropischen Urwalds gezeigt. Unter anderem geht es durch einen 12 m langen Unterwassertunnel. Der Höhepunkt ist die tägliche Fütterung der Haie.

Der Budapester Zoo (▶ S. 49), 1866 im Stadtwäldchen (▶ MERIAN Tipp, S. 19) eingerichtet, ist einer der ältesten Europas.

Budatétény • Nagytétényi út 37–43 •
Vorortzug HÉV bis zur Endstation
Budatétény, Bus 233 ab Astoria •
Tel. 4 24 30 53 • www.tropicarium.hu •
tgl. 10–20 Uhr • Eintritt 2500 Ft, erm.
1800 Ft, Familienticket 6400 Ft

Vasúttörténeti Park (Bahnhistorischer Park) ▐▐ F 1

Autos auf Schienen, Draisinen,
Messwagen, Dampfkräne, Schnee-
pflüge, Schneeräumgeräte und natürlich viele Loks – was fährt,
brummt und quietscht, gibt es hier
in Fülle. Allein über hundert Eisen-
bahnfahrzeuge werden vorgeführt.
Die Kinder können mit einigen
Transportmitteln fahren, und es gibt
einen Loksimulator. Außerdem werden diverse Nostalgiefahrten angeboten. Sehr beliebt ist der Weih-
nachtsmann-Express im Dezember
vom Park bis zum Westbahnhof.
Terézváros • Tatai utca 93 • Tram 24,
Bus 30: Rokolya utca • Tel. 4 50 14 97 •
www.mavnosztalgia.hu • Mitte März–
Anfang April und Nov–Mitte Dez.
Di–So 10–15, April–Okt. Di–So 10–
18 Uhr • Eintritt 1400 Ft, erm. 800 Ft,
Kinder 600 Ft, Familienticket 3200 Ft

Die Fischerbastei (▶ S. 63) erinnert mit ihren Türmchen, Nischen und Treppen an eine romantische Ritterburg. Dabei wurde sie erst an der Wende zum 20. Jh. erbaut.

Unterwegs in **Budapest**

Am Großen Ring werden die letzten Großbürgerhäuser saniert, Straßen und Plätze erhalten neue Namen. Das alte Budapest wird modernisiert, hat aber darüber seinen Charme nicht verloren.

Sehenswertes

Budapest war schon immer eine Stadt mit vielen verschiedenen Gesichtern. Seine Gebäude sind Denkmäler einer abenteuerlichen osteuropäischen Stadtgeschichte.

◄ Die Standseilbahn (► S. 76) von 1870 führt zum Burgberg hinauf.

Die Klischees von Budapest sind fest verankert im Bewusstsein: Kettenbrücke, Burgpalast, Fischerbastei, Váci utca. Das Bild ist nicht falsch, aber längst nicht alles, was die ungarische Hauptstadt ausmacht. Pest ist jung, umtriebig und geschäftig, Buda ruhig, noch immer der Geschichte verhaftet, mit sich selbst befasst – stimmt nicht ganz, aber ist auch nicht verkehrt. Buda und Pest sind höchst unterschiedliche Stadtteile, was der Stadt ihren besonderen Reiz verleiht. Sie können sie sich auf langen Spaziergängen nach und nach erschließen.

Donau, Donau

Vor allem ist es der Fluss, der das Wesen der Stadt erklärt: Am Wasser fing es an, vom Wasser geht alles aus. Wer im Ausflugsschiff auf der Donau unterwegs ist, sieht Budapest anders. Noch nicht so lange kann man mit Linienschiffen zwischen der Rákóczi-Brücke im Süden, der Innenstadt, der Margareteninsel und Újpest verkehren. Die Brücken und Häuser sehen vom Wasser anders aus. Nicht umsonst hat die UNESCO das grandiose Donaupanorama bereits 1987 zum Weltkulturerbe erklärt. Wer abends auf dem Gellértberg steht, wenn die Sonne untergeht und das Stadtbild in ein rötliches Licht changiert, sieht in die Flusskurve hinein, wenn sie sich erleuchtet. Laternen springen straßenzügeweit an, der Burgpalast wird angestrahlt, die Brücken leuchten auf und scheinen über dem Strom zu schweben. Allein schon ihre Topografie verleiht der Stadt reichlich Charme.

Andrássy út

C 6–E 4

In der zweiten Hälfte des 19. Jh. wuchs Budapest zur Metropole heran; die Stadtplaner hatten viel zu tun. Durch breite Radialstraßen wollten sie die Pester Innenstadt mit den Außenbezirken verbinden. Und nun wollte Budapest auch eine Prachtstraße wie Paris oder Berlin! In eleganter Architektur sollte die Oberschicht würdevoll flanieren. 1870 begann der Bau der Verbindungsstraße zum Stadtwäldchen, in nicht einmal 20 Jahren wurden mehr als 200 neue Häuser entlang der Andrássy út gebaut. Ab 1896 verkehrte darunter die erste kontinentale U-Bahn, was den nationalen Stolz noch mehr anschwellen ließ. Die Straße erhielt den Namen des ersten ungarischen Ministerpräsidenten der Doppelmonarchie, Gyula Andrássy. Später wurde sie noch mehrmals umbenannt: in Stalinstraße, Straße der Ungarischen Jugend, Straße der Volksrepublik. Seit 1989 steht der ursprüngliche Name wieder auf den Schildern.

Belváros • Metro: M1 zwischen Bajcsy-Zsilinszky út und Hősök tere (7 Stationen)

 MERIAN Tipp

HÖHLEN IN DEN BUDAER HÜGELN

Budapest hat über 200 Höhlen, fast alle auf der Budaer Seite der Donau. Die teilweise kilometerlangen Höhlensysteme boten früher Schutz und dienten als Weinlager. Heute können einige davon besichtigt werden, darunter die Pálvölgyi-Tropfsteinhöhle und die Szemlőhegyi-Höhle. ► S. 17

Bäder

▶ Spaziergang, S. 98

Bartók Béla Emlékház (Béla-Bartók-Gedenkhaus)   📖 westl. A 2

Alle Ungarn kennen seinen Namen. Béla Bartók (1881–1945) gehört zu ihren bedeutendsten Landsleuten. Dem Zweiten Weltkrieg entfloh er nach New York, wo er bis zu seinem Tod lebte. Es war ein nationales Großereignis, als der Musiker 1988 nach der Atlantiküberquerung mit der »Queen Elizabeth 2«, im gepolsterten Sarg in seine Heimatstadt zurückkehrte, wo er im Staatsbegräbnis auf dem Farkasréti-Friedhof beerdigt wurde. Auf dem Weg dorthin bildeten Tausende Menschen Spalier, das Fernsehen übertrug das Ereignis live, ein Chor sang. Bartók gilt als das größte Genie der ungarischen Musik, er hat einen festen Platz in der Musikgeschichte als einer der bedeutendsten Komponisten des 20. Jh. Er war auch ein begnadeter Pianist, Musikethnologe und Vertreter der Moderne. 1988 wurde sogar ein Asteroid nach ihm benannt.

Das Gedenkhaus ist das frühere Wohnhaus Bartóks, in dem er von 1932 bis 1940 lebte, bevor er in die USA emigrierte. In seinem Budapester Heim schrieb er einige seiner wichtigsten Werke. Zu sehen sind persönliche Gegenstände aus dem Leben des Musikers: Noten, Klavier, Möbel. Sein Leben und Wirken ist in Bildern und kurzen Texten dokumentiert. Im ersten Stock des Hauses im Sezessionsstil befindet sich ein Veranstaltungsraum. In jedem Jahr gibt es in Budapest und ganz Ungarn Bartók-Festivals verschiedener Art.

Pasaréti vár • Csalán út 29 • Bus 5: vom Ferenciek tere zum Pasaréti tér

(Talstation der Zahnradbahn), von dort 10 Min. Fußweg • www.bartok museum.hu • März–Okt. 10–17, Nov.–Feb. 10–16 Uhr • Eintritt 1200, erm. 600 Ft

Batthyány tér (Batthyány-Platz)   📖 B 5

Der Platz zwischen Donau und Burgberg bildet das Zentrum der »Wasserstadt«. Das bedeutendste Kunstdenkmal ist die **Sankt-Anna-Kirche** mit ihrem 55 m hohen Turm an der südlichen Platzseite, ein Topmodell ungarischen Barocks. Das einstöckige **Rokoko-Haus** auf der Westseite wurde aus zwei Gebäuden zusammengefügt und war einst der Gasthof zum Weißen Kreuz. Daneben ein Wohnhaus im Zopfstil, nach seinem ehemaligen Besitzer **Hikischhaus** genannt. Auf der nördlichen Seite des Platzes befindet sich das einstige **Franziskanerkloster**. Davor steht das Denkmal von Ferenc Kölcsey, der die ungarische Nationalhymne komponiert hat.

Viziváros • Metro: Batthyány tér

⭐ **1** **Budavári palota (Burgpalast)**   ▶ Burgplan, S. 57

Von Pest aus gesehen thront eines der größten Gebäude der Stadt mächtig auf dem Südende des Burgbergs. Der Burgpalast ist in seiner Geschichte zweimal zerstört und wieder aufgebaut worden. Zudem wurde er in jeder neuen Epoche umgebaut und in großem Stil erweitert. Im 13. Jh. begann der Bau des Königspalasts. Die Anlage gilt klassischen Bauwerken der italienischen Renaissance als ebenbürtig. König Matthias (1443–90) hatte Baumeister aus Florenz an die Donau geholt. Nach der Befreiung von der Türkenherrschaft 1686 war das Schloss eine Ruine. Mitte des 18. Jh. wurde der südliche Flügel mit 203 Sälen errichtet, 1890 begann der Bau des 304 m langen Hauptflügels, der vor allem das Bild von Buda prägt. Ein Monumentalbau mit seinem verzweigten, mehrfach gegliederten Gebäudekomplex, einem offenen und einem geschlossenen Hof. Die Stilrichtungen reichen vom Barock über Neobarock bis zu Renaissance und Jugendstil.

Die Habsburger Regenten wollten den stattlichen Palast, regierten aber nicht darin; das Schloss diente nur repräsentativen Zwecken. Der Burgpalast war Ende des Zweiten Weltkriegs die letzte Bastion der deutschen Besatzer, das Kommando wurde von den sowjetischen Soldaten besiegt. Danach war das Gebäude zerstört wie nie, es wurde Ende der 1950er-Jahre wiederaufgebaut, die Fassade im Barockstil, die Kuppeln klassizistisch. Der Burgpalast ist die Heimstatt der wichtigsten ungarischen Museen (▸ S. 84, 89).
Vár • Szent György tér • Burgbus von Széll Kálmán tér oder der Standseilbahn (Sikló) von Clark Adám tér • Di–So 10–18 Uhr • EU-Bürger mit Ausweis haben freien Eintritt zur Dauerausstellung, aber nicht zu Sonderausstellungen

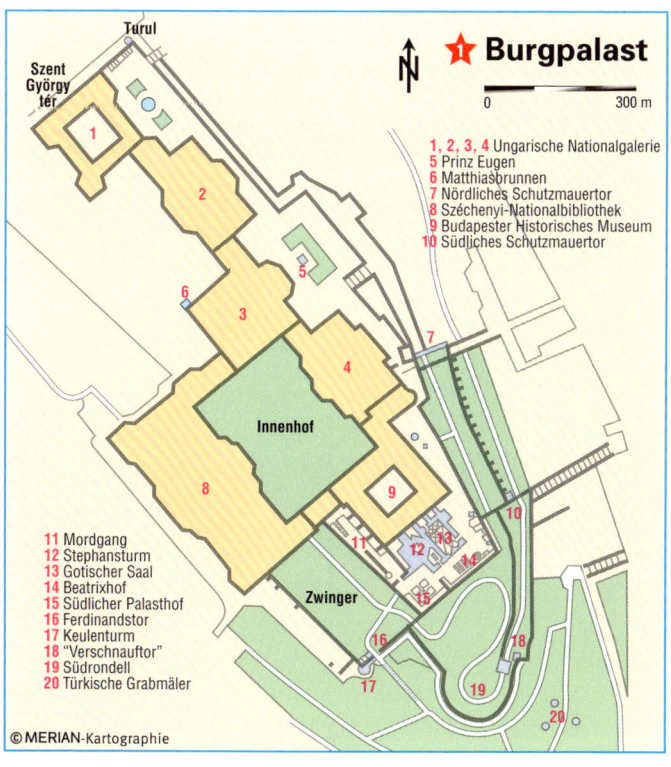

Burgpalast

0 ——————— 300 m

Turul

Szent György tér

1, 2, 3, 4 Ungarische Nationalgalerie
5 Prinz Eugen
6 Matthiasbrunnen
7 Nördliches Schutzmauertor
8 Széchenyi-Nationalbibliothek
9 Budapester Historisches Museum
10 Südliches Schutzmauertor

Innenhof

Zwinger

11 Mordgang
12 Stephansturm
13 Gotischer Saal
14 Beatrixhof
15 Südlicher Palasthof
16 Ferdinandstor
17 Keulenturm
18 "Verschnauftor"
19 Südrondell
20 Türkische Grabmäler

© MERIAN-Kartographie

Contra Aquincum   ▌▌ C 7

Unter Stephan I. wurde das Christentum eingeführt. Ungarns erster König holte dafür Bischof Gellért aus Venedig. Dadurch kam das Volk der Magyaren unter römisch-westlichen, nicht östlich-byzantinischen Einfluss. Schon die Römer, die vor dem Reitervolk in der Tiefebene weilten, hatten hier ein Soldatenlager (»castrum«) gebaut und damit die östliche Grenze des Römischen Reiches markiert. Contra Aquincum, war ein Freilichtmuseum, ist heute ein strategischer Brückenkopf. Die Festung wurde Ende des 3. Jh. errichtet. Von der einstigen Hauptstadt der römischen Provinz Pannonia Inferior sind einige Überreste freigelegt worden. Auffällig sind ihre dicken Mauern. Eine moderne Skulptur des ungarischen Künstlers István Tar zeigt römische Söldner.

Belváros • Március 15. tér • Tram 2 und 2a: Vigadó tér • frei zugänglich

Deák Ferenc tér   ▌▌ C 6

Nach 1848, die Habsburger hatten die Revolution der Ungarn niedergeschlagen, musste ein Ausgleich her. Da trat Ferenc Deák auf den Plan. Er vermittelte zwischen Ungarn und Österreich, sodass Ungarn wieder eine eigene Regierung bilden konnte. Damit leitete er das »Goldene Zeitalter« ein, die Vereinigung von Pest, Buda und Óbuda zur Hauptstadt Budapest, das rasante Wachstum, den Auftritt der Ungarn auf der Weltbühne. Der zentrale Verkehrsknotenpunkt wurde nach Ferenc Deák benannt.

Unterirdisch ist der Platz ein wichtiger Umsteigebahnhof, denn hier kreuzen sich drei Metrolinien, und auch oberirdisch treffen mehrere Hauptstrecken der Tram- und Buslinien aufeinander.

Am Rand des Platzes wurde 1811 Ungarns erste **evangelisch-lutherische Kirche** Ungarns geweiht. Sie

WEGZEITEN (IN MINUTEN) ZWISCHEN WICHTIGEN SEHENSWÜRDIGKEITEN
* in Gehminuten

	Aquincum	Burgpalast	Parlament	Fischerbastei	Vörösmarty tér	Gellértberg	Rathaus	Kunstmuseen/ Heldenplatz	Margareten- insel	Staatsoper
Aquincum	–	40	25	35	30	35	20	40	35	40
Burgpalast	40	–	20	*10	25	20	20	35	45	25
Parlament	25	20	–	25	*15	20	20	20	30	15
Fischerbastei	45	*10	15	–	20	15	15	30	40	20
Vörösmarty tér	30	25	*15	25	–	*10	10	10	35	*10
Gellértberg	35	20	20	15	15	–	10	20	40	20
Rathaus	35	20	20	15	*10	10	–	25	35	*10
Kunstmuseen/ Heldenplatz	40	35	20	30	10	20	25	–	40	10
Margareteninsel	35	45	30	40	35	40	35	40	–	40
Staatsoper	40	25	15	20	*10	20	*10	10	40	–

Der Burgpalast (▸ MERIAN TopTen, S. 56) in Buda, in dem einst König Matthias wohnte, beherbergt heute mehrere Museen.

entstand nach Entwürfen von Mihály Pollock in klassizistischem Stil. Von außen gleicht die Hallenkirche mit ihren vier Pfeilern, dem dreieckigen Giebel und dem vergoldeten Kreuz darauf einem Tempelbau. Im benachbarten Gebäude, einem ehemaligen evangelischen Gymnasium, ist heute das **Evangelische Landesmuseum** (Evangélikus Országos Múzeum, ▸ S. 85) untergebracht.
Belváros • Metro: Deák Ferenc tér

Dominikánus Udvar (Dominikanerhof)   A/B 6

1976 machte sich einiger Unmut unter den Budapestern breit, als die Baugerüste des Hilton-Hotels fielen. Auf der rückwärtigen Seite des Luxushotels war eine riesige Fensterfront eingeklinkt worden, in der sich die Fischerbastei spiegelt, auch wurden historische Relikte in den Neubau integriert. Trotzdem kam der

klotzig wirkende Betonrahmen nicht gut an. Mit einbezogen in den neuen Komplex wurde auch der Dominikanerhof mit Rudimenten aus der Gotik. In dem mittelalterlichen Kloster finden Open-Air-Konzerte statt, viele Klassikmusik-Stars sind hier schon aufgetreten.
Vár • Hess András tér • Várbusz: Szentháromság tér

Dunakorzó (Donaukorso)   C 6/7

Wer in der »Goldenen Zeit« von Ende des 19. Jhs. bis zum Zweiten Weltkrieg auf sich hielt, flanierte auf der Promenade am Fluss zwischen Elisabeth- und Kettenbrücke. Hier standen die führenden Hotels, wurde in Kaffeehäusern und Restaurants geplaudert und geflirtet. Mütter führten ihre Töchter am Sonntagnachmittag aus, Jünglinge äugelten, so manche Beziehung soll hier ihren Anfang genommen haben.

Der Donaukorso (▶ S. 59), einst die Flaniermeile der Stadt, wurde im Zweiten Weltkrieg zerstört. Heute erwarten hier wieder Hotels und Restaurants Gäste.

Zum Kriegsende fiel die gesamte Vergnügungszeile in Schutt und Asche, erst 1979 war die Rekonstruktion abgeschlossen. Die neuen Bauten, vorwiegend Hotelhochhäuser, gefielen vielen nicht. Inzwischen ist die Promenade aufgewertet worden, vor allem am abgehenden Vigadó tér. 1989 setzte der Künstler László Marton die Skulptur »Kleine Königin« an das Geländer vor der Straßenbahnstation.
Belváros • Metro: Vörösmarty tér, Tram 2, 2a: Vigadó tér

Erzsébet híd
(Elisabethbrücke)   📖 C 7
Auf Pester Seite ist der Platz um die Brückenauffahrt derart zerschnitten, dass man sich kaum noch vorstellen kann, dass er einst das Zentrum dieser Donauseite war. Hier steht seit dem 12. Jh. die **Innerstädtische Pfarrkirche** (Belvárosi plébá-

nia templom), die Keimzelle von Pest. Zuvor hatten schon die Römer ein Kastell gebaut, später stand hier eine romanische Basilika. Bischof Gellért, der Missionar und Märtyrer, soll hier 1046 begraben worden sein. Nach Zerstörungen durch die Tartaren wurde die Kirche im gotischen Stil wiederaufgebaut. Während der türkischen Besatzungszeit diente sie als Moschee; im Chorbereich gibt es noch eine nach Mekka ausgerichtete Gebetsnische.
Die dritte feste **Brücke** zwischen Buda und Pest ist nach Kaiserin Elisabeth (Sisi) benannt. Ende des 19. Jh. wäre die Innerstädtische Pfarrkirche fast wegen der Brückenerneuerung geschleift worden. Nach Protesten baute man die Brückenauffahrt um die Kirche herum, sie blieb als einziges Gebäude der ursprünglichen Bebauung erhalten. Nach starken Beschädigungen in Zweiten Weltkrieg

musste die Brücke abermals erneuert werden, das geschah bis 1964. Damals war sie eine der kühnsten Brückenbauten in Europa.

Belváros • Metro: Ferenciek tere

Erzsébetváros (Elisabethstadt) 📙 C/D 6

An den Rändern der Elisabethstadt gibt es prunkvolle Kaffeehäuser wie das New York (▸ S. 35) und schicke Boutiquen am Erzsébet körút. Doch das Viertel mit seinen vielen Gassen ist ganz und gar nicht mondän. Hier lebten einst jüdische Kleinbürger, die sich als Händler oder Handwerker betätigten. Bis heute gibt es noch kleine Cafés, Werkstätten und Krämerläden, die dem Viertel eine ganz eigene Atmosphäre und sogar einen eigenen Geruch verleihen. Die beiden größeren Straßen, die Wesselényi und Kazinczy utca, zeigen an ihren Fassaden noch viel vom Zierschmuck vergangener Zeiten. So z. B. in der Wesselényi utca 17 das Haus der **Gewerbekooperation der Schuhmacher**, 1905 gegründet, das mit floralen Ornamenten um die Spitzbogenfensterrahmen und dem Maskengesicht eines schnauzbärtigen Mannes auffällt.

Belváros • Metro: Astoria, Blaha Lujza tér

Ferenciek tere 📙 C 7

Der verkehrsreiche Platz nahe der Auffahrt zur Elisabethbrücke ist ein Rest des einstigen Zentrums, das mit dem Bau der Brücke Anfang des 20. Jh. seine Bedeutung verlor. Trotzdem hat der Ort seine Reize. Optisch dominiert wird er von den **Zwillingstürmen** der eklektizistischen Palais Klotild und Mathild, die 1902 gleichzeitig mit der Brückenerneue-

rung erbaut wurden. Die Türme markieren den schmalen Durchlass zur Brücke.

An der Nordseite steht der **Pariser Hof** (Párizsi udvár), ein Bau von Henrik Schmal aus derselben Periode. Das Y-förmige Gebäude, an dessen mit Skulpturen geschmückter Fassade man unbedingt hinaufschauen sollte, war früher ein Ort eleganter Boutiquen, wirkt aber inzwischen sanierungsbedürftig.

An der Westseite steht die **Franziskanerkirche** aus dem 13. Jh., die im 18. Jh. barockisiert wurde. Ihre Frontseite schmücken Standbilder der Heiligen Petrus von Alcantara, Franziskus und Antonius und dazu das Wappen des Franziskanerordens. An der Ecke Kossuth Lajos utca erinnert ein **Bronzerelief** an das Pester Hochwasser von 1823, das den Platz überflutete. Damals ließ Miklós Baron Wesselényi Maßnahmen durchführen, die zahlreiche Menschen vor dem Ertrinken retteten.

Belváros • Metro: Ferenciek tere

📷 FotoTipp

ELISABETHBRÜCKE

Von der langen Elisabethbrücke aus, an der schmalsten Stelle der Donau in Budapest, können Sie von beiden Seiten die besten Panoramafotos der Ufer und außerdem solche von der Kettenbrücke im Norden und der Freiheitsbrücke im Süden machen. ▸ S. 60

Fő tér Óbuda (Hauptplatz Óbuda) 📙 B 1

Óbuda (Alt-Buda) ist der älteste Bezirk der Stadt. Kopfsteingepflastert und von Fiakern überquert, hat er noch etwas vom Charme des alten Kleinstadtmilieus. In den 1960er-Jahren waren im Viertel halb verfallene Häuser abgetragen worden. An ihrer Stelle baute man gesichtslose Betonblöcke. Der Fő tér mit dem alten Rathaus wurde dabei aber glücklicherweise nicht angerührt.

Das wichtigste Gebäude am Platz ist der **Zichy-Palast** (Zichy Kastély), ein mehrgliedriges barockes Herrenhaus, zwischen 1746 und 1752 erbaut. Es gehörte der aristokratischen Familie derer von Zichy, die auf das Repräsentieren bedacht war, allerdings mehr im Innern als an der Fassade. Das Treppenhaus ist reich geschmückt, die Kapelle mit Fresken versehen. Heute ist es ein Kulturzentrum, in dem Gedenkausstellungen gezeigt und Literaturlesungen sowie andere Veranstaltungen stattfinden. In der warmen Jahreszeit gibt es im Innenhof Livekonzerte, ein Lokal sorgt für das leibliche Wohl der Besucher. Budapester lieben diesen Adelspalast mit seinem Innenhof.

Die Skulpturen, die Sie am Fő tér sehen stammen vom bekannten ungarischen Bildhauer Imre Varga und gehören zur gleichnamigen Sammlung (▸ S. 91).

Óbuda • Fő tér • Vorortbahn HÉV: Szentlélek tér

⭐ MERIAN Tipp

GELLÉRTHEGY (GELLÉRTBERG)

Vom 130 m hohen Gellértberg fällt der Blick auf die Stadt im Donautal grandios aus. Benannt ist er nach dem Chef-Missionar von König Stephan. 1046 wurde er auf dem Berg von Widerständigen getötet.   ▸ S. 17

Gellérthegy (Gellértberg)   B/C 7/8

Nach der Niederschlagung des ungarischen Freiheitskampfes 1848/49 war das ein finsterer Ort. Die Habsburger rächten sich mit Folter und Unterdrückung hinter den massiven Mauern der Festung, die sie bauen ließen. Dort wurden Kanonen und Pulverfässer gelagert. Heute bewahrt man in den Kellern Wein auf. Oben auf dem Berg steht das Freiheitsdenkmal (▸ S. 76) und unterhalb der Zitadelle wurde ein Park angelegt.

Gellérthegy • Bus: Gellért tér

Gresham palota (Gresham Palace)   C 6

Das war einmal ein Bürogebäude! Wenngleich für Führungskräfte. Der imposante Jugendstilbau entstand 1906 nach zweijährigen Bauarbeiten. In Auftrag gegeben hatte sie der Gründer der Londoner Börse, Sir Thomas Gresham, dessen Büste als eine der zahlreichen Steinskulpturen an der Fassade zu sehen ist. Die Büros und die ebenfalls im Haus untergebrachten Luxusapartments entsprachen dem modernsten Stand der Epoche. Das Gebäude, das als Kaserne und Wohnhaus in sozialistischer Zeit benutzt worden war, ist bis 2004 für 110 Mio. € vom Hotelkonzern Four Seasons zum Luxushotel umgebaut worden (▸ S. 23). Großartig gelungen ist die Wiederherstellung der authentischen Details, so der großen Treppe, Kunstschmiedearbeiten, Glasmalereien, Mosaiken und Wintergärten. Das Hotelrestaurant und das Kaffeehaus sind für jedermann zugänglich.

Belváros • Széchenyi István tér 5–6 • Metro: Vörösmarty tér • www.four seasons.com/budapest

Von der Fischerbastei (▶ S. 62) blickt man auf das mit farbenfrohen Majolika-Ziegeln gedeckte Dach der benachbarten Matthiaskirche.

Halászbástya
(Fischerbastei)   📖 B 6
Ein Kitschbau, aber bezaubernd. Der Blick von der zwischen 1899 und 1905 von Frigyes Schulek (1841–1919) geschaffenen Bastei ist grandios. Die an eine romantische Ritterburg erinnernde Konstruktion dient als Aussichtsterrasse. Sie erstreckt sich über 140 m in der Länge und 8 m in der Breite, trumpft auf mit verschnörkelten Treppen, fünf verspielten Türmchen, Nischen, Darstellungen skurriler Fabelwesen und mit einem mehrstöckigen Hauptturm.

Darunter zieht sich die Burgmauer zum Fluss hinunter, wo im Mittelalter die Fischer ihren Markt abhielten. Daher hat sie ihren Namen, denn die Fischergilde hatte diesen Abschnitt der Stadtmauer auch zu verteidigen. Vár • Szentháromság tér • Várbusz: Szentháromság tér

⭐ Hősök tere
(Heldenplatz)   📖 E 4
Das Meisterwerk des ungarischen Historismus ist ein gepflastertes Karree am Ende der Andrássy út. Das **Millenniumsdenkmal** nimmt einen

📷 FotoTipp

FISCHERBASTEI

Hollywood hat hier schon mehrfach gedreht, Top-Fotografen waren da. Die Gänge, Erker, Treppen und Brüstungen bieten abwechslungsreiche Ansichten, Verliebte schauen Händchen haltend auf den Fluss. Das sorgt für romantische Motive. ▸ S. 63

---

großen kreisrunden Platz ein, der von mehreren Skulpturen, darunter die magyarischen Stammesfürsten und ungarischen Könige, dominiert wird. Sie stehen für die über 1100-jährige Geschichte Ungarns (896–1896). Sie werden überragt vom Erzengel Gabriel, der auf einer 36 m hohen korinthischen Siegessäule steht. Der Legende nach erschien er im Traum dem Staatsgründer Stephan I. und überreichte ihm feierlich die Krone. Der Statue wurde auf der Weltausstellung in Paris 1900 ein Grand Prix verliehen. Um den Fuß der Säule sind die magyarischen Fürsten gruppiert, die einst als Reitervolk das Land einnahmen. Aufgereiht in den Kolonnaden links und rechts der Säule stehen je sieben historische Persönlichkeiten ungarischen Blutes, darunter Könige, Fürsten und Helden – von Fürst Árpád, Führer der legendären magyarischen Landnahme, bis zum Freiheitskämpfer Lajos Kossuth. Vor der Siegessäule erinnert ein Gedenkstein an den Unbekannten Soldaten. Begrenzt wird der weite Platz von der Kunsthalle (▸ S. 90) und dem Museum der Schönen Künste.
Historiker sehen in der Festlegung der Landnahme auf das Jahr 896 eine willkürliche Fixierung, aber den Ungarn ging es um Symbolik. Unter anderem wollten sie zeigen, dass Ungarn eine längere Geschichte vorweisen kann als das habsburgische Österreich. Allerdings waren die Arbeiten am Heldenplatz 1896 noch nicht fertig, erst 1926 war das Ensemble vollendet. Nach dem Zweiten Weltkrieg ließen die Kommunisten den Platz verändern, das Nationalistische wurde zurückgedrängt. Heute ist es wieder da, der Platz wird häufig für politische Demonstrationen und Großveranstaltungen genutzt. Im Juni 1989 versammelten sich hier über 200 000 Ungarn, um in einer symbolischen Trauerfeier der Märtyrer des Ungarnaufstands 1956 zu gedenken. Ein entscheidender erster Schritt auf dem Weg zur Demokratie. Belváros • Metro: Hősök tere

Kaffeehäuser
▸ Spaziergang, S. 101

Király fürdő (Király-Bad) 📖 B 5
1565 ließ ein osmanischer Pascha den Grundstein für das Bad legen. Vier grüne Kuppeln werden überragt von einem muslimischen Halbmond. Unter der größten Kuppel liegt das achteckige Becken, umgeben von acht Blendbögen, ein türkisches Ritualbad. Weil das Außenlicht nur durch die verglasten Öffnungen der Kuppel hereinfällt, erscheinen die Lichtverhältnisse unwirklich und schaffen eine surreale Atmosphäre. Das türkische Badehaus erhielt später einen klassizistischen Vorbau. Budaváros • Fö utca 84 • Bus 86: Bem József tér • Tel. 12 02 36 88 • www. kiralyfurdo.hu • tgl. 9–21 Uhr • Tageskarte 4800 Ft, erm. ab 1600 Ft, verschiedene Massagen, z. B. 20 Min. oder 40 Min. für 3100 Ft bzw. 5000 Ft

Kis Földalatti
(Kleine U-Bahn)   C 6

Die heutige Linie 1 der Metro, die »Kleine U-Bahn« genannt, ist immer noch der Stolz vieler Budapester. Sie war die erste kontinentale Untergrundbahn. London hatte die Nase zwar knapp vorn, aber zur 1000-Jahr-Feier 1896 präsentierte die Stadt die Wagenzüge, die heute als historische Schmuckstücke im Unterführungssystem am Deák Ferenc tér ausgestellt werden. Die moderne Metro umfasst noch die Linien 2, 3 und 4.
Belváros • Metro: Vörösmarty tér

Kossuth Lajos tér   C 5

Nationalbewusste Ungarn kommen auf den Platz vor dem Parlament, um Andacht zu halten. Lajos Kossuth (1802–1894) gehörte zu den Führern der ungarischen Unabhängigkeitsbewegung gegen die Habsburger. Der Aufstand wurde zur Wende 1848/49 niedergeschlagen. Kossuth wird in Ungarn als Nationalheld verehrt. Als die Revolution scheiterte, floh er nach Norditalien, um von dort mit dem italienischen Freiheitshelden Giuseppe Garibaldi den Kampf gegen das Kaisertum Österreich fortzusetzen. Bis zu seinem Tod setzte er sich für die Unabhängigkeit seiner ungarischen Heimat ein.

Seit 1927 trägt der Platz den Namen des Patrioten, vorher hieß er Országház tér (Parlamentsplatz). Kossuth entstammte dem Kleinadel, studierte in Pest Jura und war ein begnadeter Rhetoriker. 1837 wurde er wegen seiner aufwiegelnden Reden bereits wegen Hochverrats angeklagt und verschwand für vier Jahre in Festungshaft. Nach seiner Begnadigung 1840 übernahm er die Chefredaktion der nationalliberalen Zei-

Die Reiterstatuen um den Sockel der Siegessäule auf dem Heldenplatz (▶ MERIAN TopTen, S. 63) stellen die ungarischen Stammesfürsten dar.

⭐ MERIAN Tipp

SZIGET FESTIVÁL

Das jedes Jahr im August auf der Donau-Insel Hajágyári-sziget stattfindende Musikfestival wurde mehrfach als bestes Popfestival Europas ausgezeichnet. Sein Programm umfasst neben der Musik auch Open-Air-Kino und Sportveranstaltungen.   ▶ S. 18

---

tung »Pesti Hírlap«. Er und andere Politiker verweigerten Österreichs Kaiser Franz Joseph I. die ungarische Königskrone – ein Affront. 1849 rief Kossuth in Debrecen die ungarische Regierung aus und formierte die Revolutionsarmee aus Freischaren.

1956 war der Platz während des sogenannten Ungarnaufstand Sammelpunkt der Aufständischen gegen die stalinistische Terrorherrschaft. Sie wurden von Heckenschützen der Polizei unter Beschuss genommen. Am 15. März 1989, dem 150. Jahrestag der Revolution von 1848, fand hier eine bedeutende Kundgebung statt, auf der zur demokratischen Wende aufgerufen wurde; die Polizei hielt sich zurück. Im Herbst 2006 protestierten Tausende wochenlang gegen die sozialdemokratische Regierung Ferenc Gyurcsány und deren Privatisierung von Staatseigentum sowie die weitverbreitete Korruption. Monatelang war der Kossuth tér abgesperrt. Nach wie vor ist der Platz mit seinen Denkmälern von hoher politischer Symbolkraft. Das **Lajos-Kossuth-Denkmal** war nach dem Zweiten Weltkrieg weggeschafft worden, weil die kommunistischen Führer es »zu wenig optimistisch« fanden. Die Orbán-Regierung will es wieder aufstel-

len lassen. An der Südseite des Platzes blieb das **Reiterstandbild** von Graf Ferenc II. Rákóczi stehen, das 1935 dort platziert worden war. Dazu kam eine Statue des jung verstorbenen Dichters Attila József (1905–1937). Auch an den Volksaufstand 1956 erinnert ein Denkmal.

Belváros • Metro: Kossuth Lajos tér

⭐ Központi Vásárcsarnok (Zentrale Markthalle)   📕 C 8

Der Tempel der ungarischen Agrarwirtschaft. Noch heute präsentieren sich in der von 1894–96 als stählerne Kathedrale erbauten Markthalle Bäuerinnen in bunter Tracht. Die ganze Pracht aus ungarischer Erde wird vorgeführt. Im Untergeschoss befinden sich ein Supermarkt und Fischstände, im Erdgeschoss Stände voll mit Gemüse und Obst, Fleisch und Wurst, Wein, Kräuterschnaps und Süßigkeiten, fast alles aus ungarischer Produktion. Im Obergeschoss gibt es Kunsthandwerk und Souvenirs.

Nagyvásárcsarnok • Vámház körút 1–3 • Metro: Fővám tér • www.piaconline. hu • Mo 6–17, Di–Fr 6–18, Sa 6–14 Uhr

Liszt Ferenc Zeneművészeti Egyetem (Franz-Liszt-Musikakademie)   📕 D 6

Franz Liszt (1811–1886), einer der großen ungarischen Musiker, gründete 1875 die Königlich-Ungarische Musikakademie, die von 1879 bis 1907 in seinem Wohnhaus an der Vörösmarty utca untergebracht war. Béla Bartók, Zoltán Kodály, Imre Kálmán und viele andere spätere Berühmtheiten wurden dort vom Meister persönlich ausgebildet. Einige lehrten als Professoren an diesem Institut. Erst nach Liszts Tod erhielt die Akademie den Namen Franz-Liszt-

Das Sziget Festivál (▸ MERIAN Tipp, S.18) lockt jedes Jahr im August junge Menschen aus dem In- und Ausland auf die Donauinsel Hajógyári-sziget.

Musikakademie. Zwischen 1904 und 1907 entstand ein prächtiger Jugendstilbau für die Akademie nahe der Oper nach Entwürfen von Flóris Korb und Kálmán Giergl.

Das Erdgeschoss mit einem Jugendstil-Konzertsaal für 1200 Besucher (▸ S. 45) ist nach umfangreichen Umbauarbeiten wieder geöffnet und frei zugänglich. Hier ist auch die Liszt-Sammlung mit wertvollen Manuskripten, Büchern u. a. Materialien zu Hause. Heute lernen rund 900 Studenten an der größten Musikschule Ungarns.

Der nach dem Komponisten benannte Platz ist äußerst beliebt wegen der Cafés und Kneipen. Franz Liszt steht seit 1986 als reichlich zerzauste Skulptur von László Marton in der Mitte.

Belváros • Liszt Ferenc tér 8 •
Metro: Oktogon • tgl. 10–18 Uhr

Magyar Tudományos Akadémia (Ungarische Akademie der Wissenschaften)   B/C 6

Ein Muss für Liebhaber der Architektur. Das Gebäude der Ungarischen Akademie der Wissenschaften

Die Zentrale Markthalle (▶ MERIAN TopTen, S. 66) ist architektonisch ein Augen-
schmaus – von der Vielfalt an Lebensmitteln und Souvenirs ganz zu schweigen.

war das erste prägnante Beispiel der Neorenaissance-Architektur in Budapest. Der aufwendige Bau kann vom Parkplatz davor in Ruhe betrachtet werden. Er entstand nach Entwürfen des deutschen Architekten Friedrich August Stüler und wurde 1865 eingeweiht.

Die Akademie war bereits 1825 von ihrem Mentor István Graf Széchényi (1791–1860) gegründet worden. Der Staatsreformer und Unternehmer war ein leidenschaftlicher Erneuerer der ungarischen Nation; für die Gründung stellte er sein gesamtes Jahreseinkommen zur Verfügung. Von der Akademie gehen bis heute wichtige Impulse weit über Budapest hinaus, sie ist die höchste wissenschaftliche Einrichtung in Ungarn. 2500 Studenten verließen sie mit einem Doktortitel, es gibt über hundert Forschungsgruppen und eine starke internationale Vernetzung durch die Zusammenarbeit mit der UNESCO und anderen Einrichtungen.

Belváros • Széchényi-István-tér •
Metro: Vörösmarty tér • www.mta.hu

Margit híd
(Margaretenbrücke) B 4

Der Brückenbau zittert, rollt eine Straßenbahn darüber. Mit einer Länge von 637 m ist sie die zweitlängste Budapester Brücke über die Donau. Sie verläuft über die Südspitze der Margareteninsel, von der aus beide Brückenteile mit je drei Segmentbögen abgehen. Entworfen wurde sie vom französischen Architekten Ernest Goüin; nach vierjähriger Bauzeit war sie 1876 fertiggestellt. Das Bogenbrückenwerk besteht aus Stahl, die Spannweite war für damalige technische Verhältnisse sensationell. Im Januar 1945 hatte die Deutsche Wehrmacht die wichtige Verkehrsader zerstört, im Sommer 1948 wurde sie wiedereröffnet. 2011 brachte eine weitere umfangreiche Sanierung neuen Glanz.

Belváros • Tram 2: Jászai Mari tér

Margitsziget
(Margareteninsel) B4–C1

Budapests grüne Oase, umstrudelt vom Donauwasser. Sie erstreckt sich zwischen der Margaretenbrücke im Süden und der Árpád-Brücke im Norden auf 2,5 km Länge und bis zu 500 m Breite. Im Mittelalter war das »Haseninsel« genannte Eiland ein königliches Jagdrevier, bis König Béla IV. im 13. Jh. ein Kloster der Dominikanerinnen gründete. Sein Schwur, das Land kein zweites Mal von Tartaren erobern zu lassen, bekräftigte der Patriarch, indem er seine Tochter, Prinzessin Margit (1242–1271), dort ab ihrem neunten Lebensjahr ihr Dasein verbringen ließ. Die Ruinen des Klosters sind noch zu sehen. In dem Naherholungsbereich mitten in der Großstadt gibt es einen englischen Park, ein Ka-

sino, ein Thermalhotel und das populäre Palatinus-Strandbad mit seinen heißen Quellen und Rutschen.

Margitsziget • Tram 2: Jászai Mari tér

⭐ **6** MERIAN Tipp

VÁROSHÁZA (RATHAUS)

Das einstige Wohnheim für Invaliden der Türkenkriege, 1747 eröffnet, war mit seiner 189 m langen, reich verzierten Fassade so eindrucksvoll, dass die Stadt es 1894 als Amtssitz des Bürgermeisters erwarb. ▶ S. 18

⭐ **4** Mátyás templom
(Matthiaskirche) B 6

Weithin leuchten die farbenfrohen Majolika-Ziegel der Firma Zsolnay vom Dach des berühmten Gotteshauses, das für vergangenheitsbewusste Ungarn ein Fixpunkt ihres Geschichtsverständnisses und ihrer Identität ist. König Stephan I. persönlich soll es gewesen sein, der 1015 anwies, an dieser Stelle eine Maria geweihte Kirche zu errichten. Das Südportal und der lang gestreckte Chor stammen aus dem 13. Jh., der mittlere Teil aus der Zeit um 1400.

Eine Zeit lang hieß sie Liebfrauenkirche, weil sie der deutschen Gemeinde als Pfarrkirche diente. Zur Matthiaskirche wurde sie im 15. Jh., als König Matthias zwei Mal vor dem Altar in den Stand der Ehe trat, einmal mit einer böhmischen, das andere Mal mit einer spanischen Braut. In der Türkenzeit wurde sie zur Moschee, Sultan Süleiman (der Prächtige) ernannte sich zum Patron des islamischen Gebäudes. Nach dem Abzug der Türken kam die Kirche in den

Besitz der Jesuiten, die sie im Barockstil umbauen ließen.

Für Ungarn ist der 8. Juni 1867 von
großer historischer Bedeutung. An
diesem Tag wurde der Ausgleich
zwischen Österreich und Ungarn
feierlich besiegelt. Das hatte ein nationales Hochgefühl zur Folge. Kaiser
Franz Joseph und Kaiserin Elisabeth
(Sisi) wurden in der Matthiaskirche
mit der Stephanskrone zu König und
Königin von Ungarn gekrönt, während draußen die Vivat-Rufe der
Menge ertönten. Dabei wurde die
»Ungarische Krönungsmesse« aufgeführt, die Franz Liszt eigens für
das Ereignis komponiert hatte.

Die Meinungen über den bauhisto-
rischen Wert dieses Sakralbaus klaf-
fen weit auseinander: Für manche
repräsentiert die Kirche ein pracht-
volles Beispiel des europäischen Ek-
lektizismus – der gleichzeitigen Ver-
wendung unterschiedlicher Stilarten
an einem Bauwerk –, andere sehen
darin eher eine geschmäcklerisch
auffrisierte Kulisse. Die 60 m lange
Hallenkirche wurde mehrfach umgebaut. Ihre jüngste Veränderung
erfuhr sie 1873, als Architektur-Star
Frigyes Schulek in einer Tabula-rasa-
Aktion alles umkrempelte und kaum
ein Stein auf dem anderen blieb. Der
80 m hohe **Südwestturm** ist bis zum
dritten Geschoss mittelalterlich, von
da ab ausschließlich die Konstruktion Schuleks. Lediglich die Wand-
bemalung im Innern ließ der Architekt nach alten Vorlagen vornehmen.
Das leuchtende bunte **Ziegeldach**
wurde 1896 aufgesetzt. Die **Krypta**
birgt eine Schatzkammer. Besondere
Beachtung verdienen das **Marien-
portal**, eine mittelalterliche Stein-
metzarbeit, und die **Loreto-Kapelle**
mit der »Schwarzen Madonna«, ei-

Im Memento Park (▶ S. 71) »ruhen« unter freiem Himmel Denkmäler des
Sozialismus, die aus allen Ecken der Stadt hierher verfrachtet wurden.

ner vom Kerzenruß geschwärzten weiblichen Barockfigur.

Vár • Szentháromság tér • Várbusz: Szentháromság tér • www.matyas-templom.hu • Mo–Sa 9–17, So 13–17 Uhr • Eintritt Kirche 1400 Ft, erm. 1000 Ft, Turmaustieg 1400 Ft, erm. 1000 Ft

Memento Park (Statuenpark)   📖 südl. A 9

Eine einmalige Sammlung am südwestlichen Stadtrand unter freiem Himmel: Die Denkmäler des Sozialismus wurden von sämtlichen Straßen und Plätzen der Stadt hierher gekarrt. Von Stalin blieb nur die Kopie eines Stiefels. Die große Statue war 1956 beim Volksaufstand von ihrem Sockel gekippt worden. Die Kopie hockt nun auf einem Podest. Ansonsten grüßen Marx, Engels, Lenin und Konsorten übergroß und mit starrem Blick. Auf dem Rundgang kommt man an mehr als 40 Figuren vorbei, die den Kommunisten Leitsterne waren. Auch der bewaffnete Soldat vom Gellértberg, der zum Unwillen der Budapester gleich neben der Freiheitsstatue stand und die »brüderliche Freundschaft mit der Sowjetunion« symbolisierte, ist anwesend, aber auch Revolutionäre und Vertreter der Räterepublik von 1919. Auf dem Gelände gibt es auch eine Baracke, in der der Film »Das Leben eines Agenten« gezeigt wird – Originalmaterial des ungarischen Geheimdienstes im Realsozialismus.

Újbuda • Ecke Balatoni/Szabadkai utca • Metro: Kelenföld vasútállomás, dann Bus 101 oder 150 bis Budatetenyvasútállomás • tgl. 10 Uhr bis Einbruch der Dunkelheit • www.mementopark.hu • Eintritt 1500 Ft, erm. 1000 Ft

Millenáris Park 👫   📖 A 5

Das Viertel war wenig einladend, bevor mit der Eröffnung des Parks ein neuer Akzent gesetzt wurde. Auf der Brache des ehemaligen Industrieunternehmens Ganz errichtete man im Jahr 2000 ein neues Stadtviertel. Die dazugehörige Parkanlage ist bei Kindern beliebt wegen des großen Spielplatzes mit handgefertigten Figuren aus ungarischen Märchen. In der warmen Jahreszeit gibt es im Park Konzerte und Freilichtausstellungen.

Országút • Fény utca 20–22 • Metro: Széll Kálmán tér

⭐ MERIAN Tipp

TERÉZ KÖRÚT

Die Teréz körút mit ihren stuckverzierten Häusern im Gründerzeitstil ist der schönste Abschnitt des Großen Rings. Die hinteren drei Viertel der Häuser enthalten eine Vielzahl kleiner Wohnungen, in denen früher das Personal lebte und heute kleine Geschäfte untergebracht sind.   ▶ S. 18

Nagykörút (Großer Ring)   📖 D 5–8

Der Große Ring ist das Band, das die Pester City von der Petőfi-Brücke bis zur Margaretenbrücke in einem Halbkreis einfasst. Der Bau der 45 m breiten Metropolenstraße begann 1872, ein urbanes Riesenprojekt, und dauerte 35 Jahre. So entstand ein Ensemble von architektonischer Geschlossenheit, das den Aufstieg einer kleinen Nation markiert. Die Ungarn wollten zu Europa gehören, sie luden Europäer ein und boten ihnen einen 4 km langen Boulevard.

Der Große Ring gliedert sich in fünf Abschnitte: Ferenc körút (Franzens-

ring), József körút (Josephsring), Erzsébet körút (Elisabethring), Teréz körút (Theresienring) und Szent-Ist-ván-körút (St.-Stephans-Ring). Vier der Namen beziehen sich auf Vertreter des Hauses Habsburg, Stephan (István) war Ungarns erster König. Die Teréz körút (▸ MERIAN Tipp, S. 18) ist das schönste Teilstück.
Belváros • Metro 2 und 3

📷 FotoTipp

GROSSER RING

Die breite Straße, die sich im Halbkreis um die Pester City zieht, bietet unterschiedliche Motive: Sie können abgehende Straßen und Plätze, die tangiert werden, aber auch prunkvolle Häuser wie das Kaffeehaus New York fotografieren.   ▸ S. 71

⭐ Nagy Zsinagóga
(Große Synagoge)   📖 D 6

Es ist das größte jüdische Gotteshaus in Europa. 3000 Sitzplätze sind vorhanden. Das imposante Gebäude im maurisch-byzantinischen Stil an der Fassade und mit roten und weißen Keramikziegeln verziert, hat zwei 43 m hohe Zwiebeltürme, die dem wuchtigen Bauwerk eine filigrane Note verleihen. Die Türme erinnern an die Säulen des einstigen salomonischen Tempels in Jerusalem. Gebaut wurde von 1854 bis 1859, Baumeister war Ludwig Förster, bei der Innenarchitektur war Frigyes Feszl federführend. Das Projekt wurde in der jüdischen Gemeinde so kritisch aufgenommen, dass sie sich 1869 darüber spaltete. Orthodoxe fanden den Bau einer Kirche zu ähnlich, zudem war eine Orgel eingebaut wor-

den, auf der auch Franz Liszt spielte. Reformorientierte, die Mehrheit der Gemeinde, nahmen das Gotteshaus mit Freude in Besitz. Auffällig ist das über dem Haupttor befindliche Rosettenfenster. Mitte der 1990er-Jahre stand erneut eine Restaurierung an, für die neben anderen der Hollywood-Star Tony Curtis, dessen Eltern aus Budapest stammten, eine größere Summe spendete.
Belváros • Dohány utca 2–8 • Metro: Astoria • www.greatsynagogue.hu • März–Okt. So–Do 10–17.30, Fr 10–16.30, im Winter So–Do 10–15.30, Fr 10–13.30 Uhr • Eintritt 2250 Ft, erm. 1200 Ft

Német megszállási emlékmű
(Denkmal für die Opfer der
deutschen Besetzung)   📖 C 5/6

Als Ungarns rechtsnationale Regierung 2013 ankündigte, ein Denkmal mit dem Namen »Deutsche Besetzung Ungarns 19. März 1944« errichten zu lassen, gab es zahlreiche Proteste der Bürger, die das für eine Geschichtsfälschung hielten. Die Regierung paukte das Projekt dennoch durch: In einer Nacht-und-Nebel-Aktion wurde die Baustelle weiträumig abgeriegelt, die Polizei ließ niemanden durch. Zu sehen ist seit März 2014 die Statue des Erzengels Gabriel, auf den ein Reichsadler als Symbol für Nazi-Deutschland mit scharfen Krallen herabstürzt. Laut Ministerpräsident Viktór Orbán steht das Denkmal für die Unschuld Ungarns im Zweiten Weltkrieg. Es gehe um das Ende von Ungarns Souveränität durch den deutschen Einmarsch, den »Verlust der Freiheit«.
Ungarn, damals regiert von dem »Reichsverweser« Miklós Horthy,

Die Große Synagoge (▶ MERIAN TopTen, S. 72) im maurisch-byzantinischen Stil bietet 3000 Menschen Platz und macht damit ihrem Namen alle Ehre.

war jedoch bereits zuvor ein Nazi-Verbündeter und hatte diskriminierende Gesetze für Juden eingeführt. Insgesamt wurden 437 000 Menschen nach dem deutschen Einmarsch in Konzentrationslager deportiert. Historiker sind sich einig, dass die Massendeportationen ohne die Logistik ungarischer Beamter und die Mithilfe der »Pfeilkreuzler«, ungarischer Faschisten, nicht hätte bewältigt werden können. Am Ende wurden 600 000 ungarische Juden von den Deutschen ermordet. Budapest war zwischen Mai und Juli 1944 Drehscheibe für die Transporte in die Konzentrationslager.
Historiker, aber auch der Jüdische Weltkongress, die US-Regierung und andere Institutionen werfen der Regierung Orbán vor, die Geschichte umschreiben und Geschehnisse der ungarischen Mittäter verharmlosen zu wollen. Zudem ist das

Denkmal, entworfen von Péter Parkány, ein grandioses Kitschwerk. Seit der Eröffnung gibt es ständige Proteste auf dem Freiheitsplatz, die Polizei ist Tag und Nacht präsent.
Belváros • Szabadság tér • Metro: Kossuth Lajos tér oder Arány János utca

Nyugati pályaudvar (Westbahnhof)   C 5

1877 war das Bauwerk eines der aufregendsten in Europa, entworfen von Auguste de Serres, einem Franzosen, und dem Pariser Architekturbüro Gustave Eiffel. Die von zwei Kuppeln überwölbte Halle aus Eisen und Glas ist völlig transparent, Bahnsteiggetriebe und Straßenverkehr finden auf einer Ebene statt, und wer aus dem Zug steigt, ist sofort in der Stadt. In eines der Seitengebäude ist McDonald's eingezogen – seither gilt es als eines der schönsten Fastfood-

Charakteristisch für das ungarische Parlament (▶ MERIAN TopTen, S. 74) sind die vielen Giebel und Türme im neugotischen Stil.

Lokale der Welt. Für Nostalgiker: Auf der linken Seite steht über einem heute geschlossenen Eingang: »Viribus Unitis« (Durch Einheit stark). Es war der Wartesaal der Habsburger Elite. Vom Westbahnhof verkehren Nahverkehrszüge vor allem in den Norden und Südosten Ungarns.
Terézváros • Teréz körút 109–111 • Metro: Nyugati pályaudvár

⭐ **6 Országház (Parlament)** 📖 B 5
Das ungarische Parlament rangiert unter den größten Gebäuden der Welt. Ganze 17 Jahre, von 1885 bis 1902, dauerten die Bauarbeiten, an denen rund tausend Arbeiter unter Leitung des Architekten Imre Steindl beschäftigt waren. Außen ist das Parlament mit weißem Kalkstein verkleidet, die Kuppel ragt 96 m in die Höhe. Der Londoner Palace of Westminster stand Pate, wurde aber überboten. Auch stilistisch gibt es markante Unterschiede: Das Stilgemisch vereint orientalische mit neugotischen Elementen, auch solche der Renaissance, des Barock sowie byzantinische und venezianische Baumuster. Jedem Ungarn schlägt

das Herz höher, steht er vor den Krönungsinsignien Stephans I.: Krone, Zepter, Reichsapfel und Schwert. Belváros • Kossuth Lajos tér 1–3 • Metro: Kossuth Lajos tér • www. parlament.hu • Nur mit Führung zugänglich, auch auf Deutsch tgl. 10, 13, 13.45 Uhr an Tor 10; Pass oder Personalausweis erforderlich

Párizsi Nagy Áruház (Pariser Großkaufhaus) D 6

Erst als es frisch saniert worden war, zeigte es wieder seine unwiderstehliche Pracht, die es für alle zur Augenweide macht. Das Jugendstilhaus, das einst ein mondänes großes Kaufhaus war, ist heute zweigeteilt: vorne der gut sortierte Buchladen Alexandra Könyvesház, hinten im ersten Stock der üppig farbgeschmückte Lotz-Saal, in dem das BookCafé exzellenten Kaffee und Dobostorte offeriert. Dieser ursprüngliche Ballsaal des Textilfabrikanten Samuel Goldberger war vom Künstler Károly Lotz in den 1890er-Jahren mit großformatigen Neorenaissance-Fresken an der Decke ausgemalt worden. An den Wänden sind hohe Spiegel angebracht, in denen sich die Tanzenden beim Schwung übers Parkett beobachten konnten. Heute schaut man sich dort immer noch gern an, dazu spielt am Nachmittag der Pianist auf dem Klavier. Belváros • Andrássy út 39 • Metro: Operaház

Postatakarékpénztár (Postsparkasse) C 5

Das zwischen 1899 bis 1901 nach Plänen des Star-Architekten Ödön Lechner errichtete Gebäude ist ein Hauptwerk des ungarischen Jugendstils, der sich vom mitteleuropäischen Jugendstil unterscheidet, weil er mit orientalischen Motiven spielt. Die Majolika-Zierelemente stammen aus der Keramikmanufaktur Zsolnay in Pécs. An der Fassade und den prunkvollen grünen Dachfliesen stellen sie allegorische Bienen und Bienenstöcke dar. Das Bauwerk gehört zur Ungarischen Nationalbank, im Innern kann nur das Foyer besichtigt werden, von draußen aber die ganze Pracht, die in ihrer Üppigkeit typisch war für die Epoche der nationalen Identifikationsfindung der Ungarn und des Aufstiegs von Budapest in die europäische Metropolenliga. Belváros • Hold utca • Metro: Kossuth Lajos tér • Mo–Fr 9–18 Uhr

🄾 FotoTipp

PARLAMENT

Vom Kossuth Lajos tér lässt sich das prachtvolle Gebäude von allen Seiten und aus unterschiedlichen Perspektiven fotografieren. So kann z. B. etwas zurückgesetzt, vom Beginn der Alkotmány utca, ein in dunklen Stein gefasstes Wasserbecken mit ins Bild genommen werden. ▶ S. 71

Raoul Wallenberg emlékmű (Wallenberg-Denkmal) westl. A 5

Der schwedische Diplomat Raoul Wallenberg rettete 1944 Tausende Budapester Juden, die er versteckte oder mit sogenannten schwedischen Schutzpässen außer Landes bringen konnte. Das Denkmal von Imre Varga erinnert daran. Nach dem Einmarsch der Roten Armee in Budapest verschleppte der sowjetische Geheimdienst Wallenberg nach Moskau, 1947 soll er dort in einem

Gefängnis gestorben sein. Seit 1991 erforscht eine russisch-schwedische Kommission das Schicksal des tapferen Diplomaten.

Pasarét • Szilágyi Erszsébet fasor 101 • Tram 18, 56: Nagyajtai utca

📷 FotoTipp

SZENTHÁROMSÁG TÉR

Am zentralen Platz im Burgviertel können barocke Häuser und Fiaker um das 14 m hohe Denkmal der Pestsäule von 1714 abgelichtet werden. Es stellt auf seiner Spitze die Dreifaltigkeit dar. Heiligenfiguren, Wappen und Reliefs zieren den Rest der Säule. ▶ S. 77

Sikló (Standseilbahn)   📖 B 6

Die 1870 eröffnete Standseilbahn gilt als die älteste ihrer Art in der Welt, die immer noch auf ihrer ursprünglichen Trasse verkehrt. 96 m lang ist der Schienenstrang, er verbindet den Clark Ádám tér mit dem 48 m höher gelegenen Burgpalast. Gebaut wurde die Bahn, damit die Beamten schneller zu ihren Schreibtischen und Ärmelschonern im Budaer Rathaus gelangten. Die dreistufigen Wagen wurden erst 1984 originalgetreu rekonstruiert und zugleich technisch modernisiert. Steil geht es hinauf und wieder hinunter.

Vár • Clark Ádám tér • Várbusz: Clark Ádám tér • tgl. 7.30–22 Uhr • Ticket 1000 Ft, Kinder 600 Ft

Szabadság híd (Freiheitsbrücke)   📖 C 8

Hier begann der Ungarnaufstand 1956. An der Südseite des Szent Gellért tér protestierten die Studenten der Technischen Universität.

Benannt worden war die Brücke, die Buda und Pest auf Höhe des Gellért-Hotels (in Buda) und der Großen Markthalle (in Pest) verbindet, nach Kaiser Franz Joseph. 1896, anlässlich der Millenniumsfeier, hämmerte der Monarch symbolisch die letzte Niete in die Eisenkonstruktion. Zu sehen sind Ornamente wie das Königswappen und die Turulvögel. 1946, nachdem die Kriegsschäden beseitigt waren, kam es zur Namensänderung.

Belváros • Metro: Fövám tér

Szabadság szobor (Freiheitsdenkmal)   📖 C 7

Auf dem Gellértberg steht – weithin sichtbar – eine 14 m hohe Statue in Frauengestalt mit Palmwedel. 1947 wurde das Freiheitsdenkmal errichtet. Es erinnert an die Befreiung Ungarns von der Nazi-Herrschaft.

Gellérthegy • Metro: Szent Gellért tér

⭐ Széchenyi Lánchíd (Kettenbrücke)   📖 B 6

Der Bau dieses Brückenwerks von 1839 bis 1849 gilt als herausragende Ingenieursleistung des Briten Adam Clark. Engagiert hatte ihn der Reformpolitiker Graf István Széchenyi (1791–1860), der den vorangegangenen jahrelangen Streit zwischen Buda und Pest über die Kostenaufteilung leid war. Als die 375 m lange Brücke über die Donau 1849 eingeweiht wurde, war sie die erste steinerne Brücke Budapests. Ihren Namen verdankt sie den Ketten, die durch zwei triumphbogenartige, auf Pfeilern ruhende Tore laufen.

Deutsche Besatzer sprengten 1945 das Bauwerk, doch schon 1949, hundert Jahre nach seiner Entstehung, war es wieder modernisiert aufgebaut. Besonders ans Herz gewachsen

Das Freiheitsdenkmal (▶ S. 76), errichtet zum Gedenken an die Befreiung Ungarns von der Nazi-Herrschaft, thront auf dem Gellértberg (▶ MERIAN Tipp, S. 17).

sind den Budapestern die steinernen Löwen an den Zugängen. Unvergesslich sind die Bilder glücklicher Menschen auf der Brücke nach der Demokratiewende. 1999, im 150. Jahr ihres Bestehens, erhielt sie ein neues »Lichtkleid«.

Belváros • Metro: Ferenciek tere

Széll Kálmán tér   A 5

Der ehemalige Moszkva tér ist eine typische Betonlandschaft des Sozialismus. Benannt ist der Verkehrsknotenpunkt im Norden Budas nach Kálmán Széll, dem Politiker, Finanzexperten und Ministerpräsidenten Ungarns (1899–1903). Der Platz liegt nicht weit vom Burgviertel, und mit der Metro gelangt man von hier schnell in die Budaer Berge. Hinter der Station gibt es noch einen letzten Rest der alten Budaer Stadtmauer, die zur Donau hinunter verlief, zu sehen.

Gellérthegy • Metro: Széll Kálmán tér

Szentháromság tér (Dreifaltigkeitsplatz)   A/B 6

Der älteste und schönste Platz in Buda ist das Herz des Burgviertels. Sein Bau begann im Mittelalter, Kriege brachten Zerstörungen, der Wiederaufbau größere und geräumigere Häuser. Die Säule wurde nach Pestseuchen errichtet und aufwendig dekoriert. Das alte Budaer Rathaus ist heute das Haus der ungarischen Weine (▶ S. 38).

⭐ Szent István Bazilika (Sankt-Stephans-Basilika)   C 6

Budapests größte Kirche am verkehrsberuhigten Szent István tér ist pompös geraten. Auch sie hat für Budapester einen Vorzugsplatz unter den nationalen Wahrzeichen, zumal sie ein buchstäblich schweres Schicksal hatte: 1868, kurz vor Vollendung des Baus, mit dem 1845 begonnen worden war, fiel er in sich zusam-

Auf dem Platz an der Sankt-Stephans-Basilika (▶ MERIAN TopTen, S. 77) laden vor prachtvoller klassizistischer Kulisse Cafés zum Verweilen ein.

men. Grund dafür war eine statische Fehlplanung. Erst 1903 konnte die Kirche geweiht werden. Baumeister waren József Hild und Miklós Ybl, die viele Gebäude für Budapest entwarfen. Insgesamt wurde 55 Jahre an dem Gotteshaus gebaut.

Über den gesamten einschiffigen Saalbau spannt sich die Kuppel. Die Statue auf dem Hochaltar und die Büste auf dem Hauptaltar stellen Stephan I., den ersten König von Ungarn, dar; ihm, dem Heiligen und Schutzpatron des Landes, ist auch die Kirche geweiht. In einer eigenen Kapelle wird eine Reliquie aus dem 11. Jh. aufbewahrt: Es handelt sich um die einbalsamierte rechte Hand von Stephan, die als »heilige Rechte« den Kirchenschatz adelt.

Über Jahre hinweg bis 2004 wurde der Bau, der zum UNESCO-Weltkulturerbe gehört, renoviert.

Die Balustrade der Basilika können Besucher entweder zu Fuß oder mit einem Fahrstuhl erreichen. Von oben bietet sich ein schöner Blick über die Pester Dachlandschaft.

Belváros • Szent István tér • www.bazilika.biz • Metro: Bajcsy-Zsilinky út • Panoramakuppel: Juli–Sept. tgl. 9–19, Okt.–Juni tgl. 10–16.30 Uhr, Eintritt 500 Ft, erm. 400 Ft

Szent Rókus Kápolna
(Sankt-Rochus-Kapelle)   D 6

Zu Beginn des 18. Jh. wurde Budapest von einer Pestepidemie heimgesucht. Sankt Rochus, Schutzheiliger der Seuchenkranken wurde angerufen und um Hilfe gebeten. Als die Seuche eingedämmt war, erhielt der Heilige eine eigene kleine Kapelle. Hundert Jahre später folgte das Rochusspital, eine innovative medizinische Einrichtung, in der Dr. Ignaz Semmelweis (1818–1865) zu einer entscheidenden Erkenntnis gelangte: Er setzte neue hygienische Maßnahmen um, sodass kaum noch Frauen im Wochenbett am Kindbettfieber erkrankten. Er kritisierte Ärzte und Krankenhauspersonal, wodurch er sich viele Feinde machte. Mit 47 Jahren starb er unter ungeklärten Umständen in der Psychiatrie in Wien. Die praktischen Anweisungen des »Retters der Mütter« gelten als Beginn der sogenannten evidenzbasierten Medizin.
Belváros • Rákóczi út 31 • Metro: Blaha Lujza tér

Türbe des Gül Baba   B 4

Gellért war der Missionar des Christentums, Gül Baba der des Islam. In Ungarn ist der muslimische Derwisch und Dichter bekannt als »Vater der Rosen«. Als er 1526 starb, soll sein Leichnam wie ein Rosenbusch geduftet haben. Nach Gül Baba wurde auch der Rosenhügel (Rózsadomb) benannt, das begehrteste Budapester Stadtviertel (▶ MERIAN Tipp, S. 19). Sultan Süleiman der Prächtige ernannte Gül Baba zum Schutzheiligen Budas und ließ ihm

zwischen 1543–1548 ein Mausoleum errichten. Das achteckige Grabmal ist eine Kapelle mit arabisiertem Säulengang, mit dem Halbmond auf der Kuppel. In der Mitte befindet sich ein symbolischer Sarg, verhüllt von einer Decke mit eingewebten Versen aus dem Koran. Das Grabmal, vor dem eine Bronzefigur des Derwischs steht, ist die nördlichste heilige Pilgerstätte des Islam in Europa. Seine Pflege obliegt der türkischen Regierung.
Rózsadomb • Türbe tér 1 • Bus 91 oder 291 vom Batthyány tér bis Rómer Flóris utca • Mai–Okt. tgl. 10–18, Nov.–April tgl. 10–16 Uhr • Eintritt frei

⭐ 8 MERIAN Tipp

RÓZSADOMB (ROSENHÜGEL)

Auf der Budaer Seite der Margaretenbrücke beginnt der Rosenhügel, Budapests exklusivstes Wohngebiet. Ein hügeliges grünes Viertel mit Villen und Spazierwegen, dem Béla-Bartók-Gedenkhaus und dem Kuppelbaugrab des Gül Baba.   ▶ S. 19

⭐ 9 Úri utca
(Herrengasse)   A/B 5

Wer diese Straße nicht besucht, verpasst das urwüchsige Buda. Insbesondere der nördliche Teil der Herrengasse ist sehr pittoresk, zudem sind die Häuser der längsten Straße im Burgviertel besonders gut erhalten. Sie gehörten einst überwiegend deutschstämmigen Tuchhändlern, die Wert legten auf Fassaden mit Erkern, gotischen Fenstern und Sitznischen in den Tordurchgängen, wie in Nr. 32, 40 und 64–66. Es sind sogar mittelalterliche Fragmente im romanischen Stil zu sehen. Die Geschichte ist hier im wahrsten Sinne des Wortes mit Händen zu berühren.

Vár • Sikló: Clark Adam tér, Várbusz: Szentháromság tér

 ## ⭐ MERIAN Tipp

VÁROSLIGET (STADTWÄLDCHEN)

Die größte Parkanlage auf Pester Seite erstreckt sich hinter dem Heldenplatz. Wohin einst Könige und ihr Gefolge zur Jagd ritten, fährt heute Budapests älteste Untergrundbahn und vergnügen sich Menschen aller Schichten und jeden Alters. ▸ S. 19

Váci utca   C 7

Der Schriftsteller Gyula Krúdy (1878–1933) verlieh der Váci utca einmal den Titel »schönste Straße Ungarns«. Das galt für seine Zeit. Durch den Einzug globaler Marken und trubeliger Souvenirsläden verlor der autofreie Boulevard etwas an Charme. Dennoch bleibt die anderthalb Kilometer lange Fußgängerzone beliebt, weil Shopper hier alles beieinander haben: neben bekannten Namen ungarische Luxuslabels, teilweise oft nur kleine Läden in Torgängen, Innenhöfen und Souterrains. Zudem buhlt die Gastronomie mit Bars und Restaurants, auch in den Seitenstraßen, um Kundschaft. Das führt zu interessanten Einblicken in die Wohn- und Lebensverhältnisse der k.u.k.-Zeit.

Weiße Markierungen im Pflaster weisen auf das einstige Váci-Tor hin, das heute nicht mehr existiert. Wer es früher durchschritt, war in Belváros, der Innenstadt.

Belváros • Metro: Vörösmarty tér

Vajdahunyad vára   E 4

Im 1896 als Hauptschauplatz für Festlichkeiten angelegten Stadtwäldchen (▸ MERIAN Tipp, S. 19) steht der Nachbau der Burg Vajdahunyad, die auf eine Burg in Siebenbürgen (einst ungarisch, heute rumänisch) zurückgeht. Zuerst war sie nur aus Pappmaschee angefertigt worden. Als sie nach der Jahrtausendfeier abgebaut werden sollte, wollte das eine Bürgerinitiative verhindern. Deshalb ließ der Architekt Ingác Alpár den wildromantischen Burgnachbau in einem Mix aus Romanik, Gotik, Barock und Frührenaissance in Stein mauern. Heute ist darin das Landwirtschaftsmuseum (▸ S. 89) untergebracht.

Városliget • Metro: Hősök tere • www.vajdahunyadcastle.com • April–Okt. tgl. 10–17, Nov.–März Di–Fr 10–16, Sa, So 10–17 Uhr, Burghof durchgehend • Eintritt 1200 Ft, erm. 600 Ft

Vörösmarty tér   C 6

Die deutschen Zuwanderer in Ungarn waren einst so bedeutsam, dass sie sich ein Deutsches Theater leisteten. Es stand am Theaterplatz, der später zu Ehren des beliebten Dichters Mihály Vörösmarty (1800–55) in Vörösmarty tér umbenannt wurde. Sein 1908 aufgestelltes Denkmal in der Platzmitte ist aus Carrara-Marmor gehauen, im Winter wird es mit einer wasserfesten Plane geschützt. Bis auf ein gesichtsloses Geschäftshaus aus der Nachwendezeit an der Westseite des Platzes ist die Bebauung des Umfelds klassizistisch. Im Sommer gibt es viele »Fressbuden« zu bestimmten Anlässen, im Winter verwandelt sich der Vörösmarty tér in den beliebtesten Budapester Weihnachtsmarkt.

Belváros • Metro: Vörösmarty tér

ST. PETERSBURG
BARCELONA
MÜNCHEN
KÖLN
RIO DE JANEIRO
HAMBURG
LISSABON
MADRID
BERLIN
NEW YORK
FLORENZ
DRESDEN
Erlesene Ziele
Auf den Spuren berühmter Persönlichkeiten
ZÜRICH
STOCKHOLM
SAN FRANCISCO
DUBLIN
PARIS
PRAG
WIEN
LONDON
AMSTERDAM
VENEDIG
MAILAND
ROM
MERIAN
Die Lust am Reisen

Museen und Galerien

Die Anzahl von Museen, Sammlungen und privaten Galerien mit herausragenden Kunstwerken ist so umfangreich wie in keiner anderen Metropole Mittelosteuropas.

◀ Das Kunstgewerbemuseum (▶ S. 85) ist ein Kunstwerk für sich.

Mit mehr als hundert Museen und zahlreichen Galerien ist die Budapester Kunstlandschaft gut aufgestellt. In puncto Kunst verstand man sich in der ungarischen Hauptstadt immer schon als Hüter des Abendlandes. Besucher finden eine breite Palette an Ausstellungsräumen vor, die von altehrwürdigen bis zu modernen Museen reicht, die erst in jüngster Zeit eröffnet worden sind oder renoviert und neu gestaltet wurden. Neben der traditionsreichen Kunstproduktion sind viele neue Strömungen vertreten.

Große Kunst in glanzvollen Museen

Ein Highlight in der Budapester Museumslandschaft, das Museum der Bildenden Künste, ist bis zum Frühjahr 2018 wegen Renovierung geschlossen, seine Kunstschätze kann man aber trotzdem sehen. Teile der Sammlung, die vor allem durch europäische Meister glänzt, sind während dieser Zeit im repräsentativen Museumsbau der **Ungarischen Nationalgalerie** ausgestellt. Insgesamt wurden 75 Hauptwerke des Museums temporär dorthin ausgelagert. Vertreten sind große alte Meister wie Bruegel, Cranach, El Greco, Memling, Raphael und van Dyck, daneben auch modernere Künstler wie Monet, Gauguin und Rodin.

Ebenfalls in einem Prachtbau untergebracht ist das große **Ungarische Nationalmuseum** ⭐, das sich ganz der Darstellung der wechselvollen Geschichte der Magyaren und dazugehörigen Objekten widmet, die bis zu prähistorischen Funden zurück-

reichen. In dem säulengeschmückten Gebäude erhält der Besucher einen umfassenden Überblick über die reiche ungarische Kultur vom Mittelalter bis heute.

Die Museen sind in der Regel von 10 bis 18 Uhr geöffnet, der Montag ist meist Ruhetag. Bei den **Eintrittspreisen** erhalten EU-Bürger zwischen sechs und 26 Jahren, Schüler und Studenten sowie Besucher ab 62 Jahren häufig einen Rabatt, Kinder unter sechs Jahren können gratis mitgenommen werden. An Nationalfeiertagen (15. März, 20. Aug., 23. Okt.) ist der Besuch vieler Museen kostenlos. Nur bei Sonderausstellungen kann der Preis bis zu 4000 Forint (etwa 12 €) betragen.

MUSEEN

Aquincum, Museum und Archäologiepark   📖 nördl. B 1

Nördlich des Zentrums wurden im Stadtteil Óbuda auf einem Areal von 400 x 600 m die Überreste der römischen Bürgerstadt Aquincum freigelegt, die im 1. Jh. gegründet wurde und einst die Hauptstadt der römischen Provinz Pannonia Inferior war. Zu sehen sind u. a. die Ruinen von Wohnhäusern, die damals schon über Wasseranschluss und Kanalisation verfügten, einer Basilika, eines Amphitheaters mit Mosaikfußböden, einer Markthalle und von einem Badehaus.

Im angeschlossenen Museum sind Gebrauchsgegenstände, Waffen und Schmuckstücke ausgestellt.

Óbuda-Békásmegyer • Szentendrei út 135 • Vorortzug HÉV: Aquincum • www.aquincum.hu • Archäologiepark: April–Okt. Di–So 9–18 Uhr, Nov–März nur bei trockener Witterung, Museum: April–Okt. Di–So 10–18,

Moderne Kunst in alten Gemäuern: Das Kiscelli Múzeum (▶ S. 86) war ursprünglich ein Kloster, das später in ein Schloss umgewandelt wurde.

Nov.–März Di–So 10–16 Uhr • Eintritt Archäologiepark (nur April–Okt.): 1000 Ft, erm. 500 Ft, Museum: 1600 Ft, erm. 1000 Ft • Foto- oder Filmerlaubnis 600 Ft • Führungen (auch auf Deutsch) 6000 Ft

Arany Sas Patikamúzeum (Apothekenmuseum Zum Goldenen Adler) 📖 B 6

In dem Gebäude befand sich die erste Apotheke von Buda. Sie wurde im 18. Jh. auf Initiative einflussreicher deutscher Einwanderer eröffnet. Zu sehen sind Gerätschaften wie Mörser, Waagen, Gefäße und Dokumente zur Entwicklung der ungarischen Pharmaindustrie.

Vár • Tárnok utca 18 • Várbusz: Dísz tér • Mo–Fr 8–18 Uhr • Eintritt 500 Ft, erm. 300 Ft

Budapesti Történeti Múzeum (Budapester Historisches Museum) 📖 B 6

Hier sind Funde aus archäologischen Grabungen versammelt, die die Geschichte der Städte Óbuda, Buda und Pest über einen Zeitraum von 2000 Jahren abdecken. Erst 1873 erfolgte die Vereinigung zu Budapest. Daneben sind Exponate aus dem Mittelalter und gotische Skulpturen zu sehen, darunter Skulpturen-Torsi im Gotischen Park und Formsteine aus dem 13. Jh.: ein gut arrangierter Museumsparcours, der dem Besucher die historische Entwicklung kompakt vor Augen führt.

Vár • Szent György tér 2, Budaer Burgpalast, Gebäude E • Standseilbahn (Sikló), Várbusz: Szent György tér • www.btm.hu • März–Okt. Di–So 10–18, Nov.–März 10–16 Uhr • Eintritt 1800 Ft, erm. 900 Ft

Evangélikus Országos Múzeum (Evangelisches Landesmuseum)
C 6

Was Martin Luther für Deutsche, war Johannes Hus (1368–1415) aus Böhmen für Ungarn. Neben Dokumenten zur Geschichte des Protestantismus sind Abendmahlskelche, einige Handschriften Luthers und sein Testament zu sehen.

Belváros • Deák Ferenc tér 4 • Metro: Deák Ferenc tér • Di–So im Sommer 10–18 Uhr, im Winter 10–17 Uhr • Eintritt 500 Ft, erm. 200 Ft

Hadtörténeti Múzeum (Museum für Kriegsgeschichte)
A 5

Halb Europa hat das ungarische Reitervolk attackiert, seit dem Mittelalter war es bis nach Franken in kriegerische Ereignisse verwickelt. Hier sind vor allem historische Objekte und Zeitdokumente aus vier Jahrhunderten zu sehen, vom türkischen Säbel bis zur spanischen Schnapphahnpistole. Dazu kommen Kanonen- und Kampfwagen, Geschosse, Fahnen und Uniformen. Aber auch eine numismatische Sammlung mit ca. 28000 Münzen, Plaketten und Orden. Im Mittelpunkt stehen die Kämpfe der Ungarn um Freiheit und Unabhängigkeit.

Vár • Kapisztrán tér 2–4 • Metro: Széll Kálmán tér, Várbusz: Orszagház utca • www.militaria.hu • April–Sept. Di–So 10–18 Uhr, Okt.–März 10–16 Uhr • Eintritt 1500 Ft, erm. 750 Ft

Holokauszt Emlékközpont (Holocaust Memorial Center)
E 8

Die ungarische Shoah war eine der fürchterlichsten in der Geschichte. Die 2004 eingerichtete Gedenkstätte, die einzige ihrer Art in osteuropäischen Staaten, ist eine multifunktionale Einrichtung. Sie besteht aus drei Teilen: einer unterirdischen Ausstellungshalle, der würdevoll restaurierten Synagoge und einer schwarzen Tafel im Hofgelände; auf ihr sind die Namen einiger Tausend ungarischer Holocaust-Opfer eingraviert. Nicht nur der Leidensweg vieler Juden, sondern auch von vielen Roma ist hier nachgezeichnet, ebenso die Befreiung des Pester Gettos 1945. Die Stätte ist dennoch umstritten. Die Kritik richtet sich u. a. gegen die Einrichtung eines Holocaust-Museums in einer Synagoge und gegen die Lage an der Peripherie der Innenstadt. Die Dauerausstellung ist aber unbedingt sehenswert.

Ferencváros • Páva utca 39 • Metro: Corvin-negyed • www.hdke.hu • Di–So 10–18 Uhr • Eintritt 1400 Ft, erm. 700 Ft

Iparmüveszéti Múzeum (Kunstgewerbemuseum)
D 8

Weithin leuchten die farbigen Zsolnay-Dachziegel; die Fassade wirkt verspielt. Das Kunstgewerbemuseum

ist selbst Kunst, eine Jugendstil-Orgie, mit indischen und ungarischen
Ornamenten übersät. Der Bau von
Ödön Lechner war sein kühnster
Entwurf, eine Mischung aus dem Palast eines Maharadschas und einer
Bahnhofshalle mit Glasdach des
19. Jh. Das Gebäude ist überaus stark
an Atmosphäre. Lechners Denkmal
steht rechts vom Eingang. Kompak-
ter ist der ungarische Jugendstil nir-
gendwo anders zu sehen.
In Wechselausstellungen werden Exponate aus Keramik und Glas, des
Schmiedekunsthandwerks sowie der
Textil- und Möbelindustrie gezeigt.
Ferencváros • Üllöi út 33–37 •
Metro: Corvin-negyed • www.imm.
hu • Di–So 10–18 Uhr • Eintritt
2000 Ft, erm. 1000 Ft, Familienticket 4000 Ft

MERIAN Tipp

Kiscelli Múzeum
(Kiscelli-Museum)   A 1/2
Die ockerfarbene Drei-Seiten-An-
lage mit dem schönen Innenhof ist
eine Außenstelle des Budapester
Historischen Museums. Das Schloss
aus dem 18. Jh. versteckt sich in den
Budaer Hügeln. Besucher schlen-
dern in der stadtgeschichtlichen
Ausstellung durch eine alte Apotheke, Wohnräume ungarischer Fa-

milien mit Mobiliar und Küchenzu-
behör und vorbei an Ladenschildern
und Werbeplaketen – alles aus dem
18./19. Jh. Zu sehen sind auch die
Druckmaschinen, mit denen 1848
die Aufrufe der Revolutionäre ge-
druckt wurden.
Óbuda • Kiscelli utca 108 • Vorortzug HÉV: Árpád hid • www.kiscelli
muzeum.hu/ • Di–So 10–18 Uhr •
Eintritt 1000 Ft, erm. 500 Ft, Familienticket 1500 Ft

KOGART Ház
(KOGART-Haus)   E 4/5
An der Andrássy út, dort, wo sie am
vornehmsten ist, gründete der Bank-
direktor und Kunstsammler Gábor
Kovács sein privates Ausstellungs-
zentrum. Seine Stiftung für moderne
Kunst präsentiert in eigener Regie
regelmäßig hochrangige Kunst- und
Fotoausstellungen. Die Budapester
Kunstszene erhält durch diese au-
ßerordentliche Initiative neue Impulse, die Besucher finden ein inter-
essantes Angebot vor. Es gibt ein
Café und ein schickes Restaurant.
Terézváros • Andrássy út 112 •
Metro: Bajza utca • www.kogart.hu •
tgl. 10–18, Café 11–18.30, Restaurant
12–14.30 und 18.30–22 Uhr • Eintritt
1500 Ft, erm. 750 Ft

Ludwig Múzeum
(Ludwig-Museum)   D 9
Es war ein großes Ereignis, als der
Aachener Kunstsammler Peter Ludwig und seine Frau Irene zu Beginn
der 1990er-Jahre dem postkommu-
nistischen Land zahlreiche Werke
der modernen Kunst schenkten. Es
handelt sich um Hochkaräter von
Pablo Picasso, Roy Lichtenstein, Joseph Beuys oder Jörg Immendorf.
Daraufhin wurde 1996 das Kunst-

Meisterwerke moderner und zeitgenössischer Kunst zeigt das renommierte Ludwig Múzeum (▸ S. 86) im Palast der Künste.

museum im Palast der Künste eröffnet. Inzwischen wurde es bereichert durch Werke ungarischer Künstler der letzten vier Dekaden, aber auch der russischen Avantgarde und der US-amerikanischen Pop-Art. Auch ein Bild von Yoko Ono befindet sich darunter. Die Dauerausstellung setzt ihren Schwerpunkt auf die Jahre zwischen 1960 und 1990. Häufig gibt es interessante Sonderausstellungen zu sehen.

Ferencváros • Komor Marcell utca 1, im Palast der Künste • www.ludwig museum.hu • Tram 1: Közvágohíd,

Tram 2, 24: Millenniumi Kulturális Központ • Di–So 10–18 Uhr • Eintritt 1600 Ft, erm. 750 Ft

Magyar Fotográfusok Háza (Haus der Ungarischen Fotografie)

C 5

Manó Mai (1855–1917) war einst Fotograf am Königshof. In seinem früheren Atelier hat sich das Haus der Ungarischen Fotografie eingerichtet. Es gehört zu den eindrucksvollsten seiner Art in Europa. Gezeigt werden Arbeiten ungarischstämmiger Fotografen von Weltformat aus

Eines der Werke ungarischer Impressionisten in der Ungarischen Nationalgalerie (▶ S. 89): »Der Ballon« von Pál Szinyei Merse.

der Privatsammlung, u. a. von André Kertész, Robert Capa (ursprünglich Endre Friedman) oder Brassi (ursprünglich Gyula Halász).
Terézváros • Nagymezö utca 20 • Metro: Arany János utca • www.maimano.hu • Mo–Fr 14–19, Sa, So 11–19 Uhr • Eintritt 1500 Ft, erm. 700 Ft

Magyar Kereskedelmi Vendéglátóipari és Múzeum (Ungarisches Gastgewerbemuseum)   📖 A 6
Ungarn ist ein Tourismusland, Fremdenverkehr und Gastronomie spielen eine herausragende Rolle. Das ist schon lange so, wie historische Flaschen, Krüge, Geschirr, Schilder und Reklametafeln zeigen, die hier in bunter Weise nebeneinandergestellt sind. Ort der originellen Ausstellung ist der frühere Gasthof Fortuna, ein Zopfstilhaus im Budaer Burgviertel. Beim Rundgang erkennt der Besucher: Das Gastgewerbe vor über hundert Jahren unterschied sich nicht groß vom Tourismus heute.
Vár • Szent István tér 15 • Várbusz: Szentháromság tér • www.mkvm.hu • Di–So 10–19 Uhr • Eintritt 800 Ft, erm. 400 Ft

Magyar Mezőgazdasági Múzeum (Ungarisches Landwirtschaftsmuseum)   E 4

Der besondere Reiz des größten landwirtschaftlichen Museums in Europa ist der mittelalterliche Burgteil mit seinen gotischen Sälen und deren leuchtenden Glasfenstern. Allerdings ist er ein Nachbau – die Burg auf der Széchényi-Insel im Stadtwäldchen wurde ursprünglich zur Millenniumsfeier 1896 errichtet. Der barocke Teil erinnert an die Epoche unter Kaiserin Maria Theresia. In der Dauerausstellung »Geschichte der ungarischen Landwirtschaft« geht es um Haustiere, das Forstwesen, den Weinbau, die Fischerei und die Jagd. Zudem gibt es Informationen zur Pflanzenwelt und zum Naturschutz.

Városliget • Vajdahunyad vára • Metro: Hősök tere • www.mmgm.hu • April–Okt. Di–So 10–17 Uhr, Nov.– März Di–Fr 10–16, Sa, So 10–17 Uhr • Eintritt 1200 Ft, erm. 600 Ft

Magyar Nemzeti Galéria (Ungarische Nationalgalerie)   B 6

Besucher gelangen in die königlichen Empfangsräume der Burg, die für diese umfangreiche Sammlung der ungarischen Kunst umgestaltet wurden. Im Parterre wird gotische Malerei und Plastik gezeigt, vor allem Flügelaltäre. Die ausgemalte Holzkassettendecke der Kirche von Gogánváralja aus dem beginnenden 16. Jh. ist die älteste ihrer Art in Ungarn. Im Stockwerk darüber ist eine umfangreiche Sammlung spätgotischer Altarbilder zu besichtigen. Im zweiten und dritten Stock werden neben Kunst aus der Renaissance und des Barock auch Werke ungarischer Maler und Bildhauer der Historienmalerei des 19. und 20. Jh. vorgestellt. Der Schwerpunkt liegt auf der Ungarischen Sezession. Von der zentralen Kuppel aus hat man einen schönen Ausblick auf die sich darunter ausbreitende Stadt.

Vár • Szent György tér 2, Budaer Burgpalast •Szent György tér 2 • Standseilbahn (Sikló), Várbusz: Vár • www.mng.hu • Di–So 10–18 Uhr • Eintritt Dauerausstellung 1400 Ft, erm. 800 Ft

10 Magyar Nemzeti Múzeum (Ungarisches Nationalmuseum)   D 7

Der auffallend schöne, klassizistische Bau von 1847 mit breiter Freitreppe und einem von acht Säulen getragenen Portikus birgt eine umfangreiche Sammlung, deren Ursprünge auf ein Vermächtnis von Ferenc Széchényi zurückgehen. Zu sehen sind u. a. archäologische Funde, Münzen und Urkunden, historische Bilder und Kostbarkeiten wie der Krönungsmantel von Stephan I. Wer die Geschichte der Ungarn verstehen will, muss diese Ausstellung gesehen haben. Der Museumsgarten ist beliebt als Erholungsort.

Józsefváros • Múzeum körút 14–16 • Metro: Kálvin tér • www.hnm.hu • Di–So 10–18 Uhr • Eintritt 1600 Ft, erm. 800 Ft

Magyar Szecesszió Háza (Haus der Ungarischen Sezession)   C 5

Das an der Fassade über und über geschmückte Haus von Emil Vidór wurde 1903 für den Unternehmer und Kunstsammler Béla Bedö erbaut. Es zeigt den Übergang vom 19. zum 20. Jh. in der Entwicklung des Ju gendstils. Zu sehen sind Möbel, Objekte, Instrumente, Gemälde und Dinge des täglichen Gebrauchs. Die Ausstellung erstreckt sich über rund 600 m² und zwei Stockwerke. Auch das integrierte Café (▸ S. 101) ist stilecht und hat nicht nur für Museumsbesucher geöffnet.

Belváros • Honvéd utca 3 • Metro: Nyugati palyaudvár • www.magyar szecessziohaza.hu • Mo–Sa 10–17 Uhr • Eintritt 2000 Ft, erm. 1000 Ft

Műcsarnok (Kunsthalle)   E 4

Das neoklassizistische Gebäude gegenüber dem Museum der Schönen Künste am Heldenplatz stammt wie jenes von Albert Schickedanz und wurde 1896 eröffnet. Das Besondere ist, dass der große Ausstellungsraum durch das Oberlicht beleuchtet wird. Kunstkenner wissen das natürliche Licht zu schätzen. Die Kunsthalle hat keine ständige Sammlung, sondern zeigt Wechselausstellungen. Dabei steht die Präsentation zeitgenössischer Kunstschaffender von Malern über Kunsthandwerker, Fotografen und Designer im Vordergrund.

Belváros • Hősök tere • Metro: Hősök tere • www.mucsarnok.hu • Di–Mi, Fr–So 10–18, Do 12–20 Uhr • Eintritt 1800 Ft, erm. 900 Ft, Familienticket 2700 Ft

Néprajzi Múzeum (Ethnografisches Museum)   C 5

Der erste Eindruck ist die gravitätische Architektur. Das Gebäude im Stil des Historismus von Alajos Hauszmann wurde 1896 als Oberster Gerichtshof Ungarns in Betrieb genommen. Es sollte – am damaligen Parlamentsplatz – Würde ausstrahlen. Seit 1973 beherbergt es das Ethnografische Museum, das aus den Sammlungen des Ostasien-Forschers János Xántus hervorging. Er verglich die ungarische Volkskunst mit jener außereuropäischer Kulturen. Bemerkenswert sind auch die herrlichen Fresken von Károly Lotz in der Treppenhalle.

Belváros • Kossuth Lajos tér 12 • Metro: Kossuth Lajos tér • www.neprajz.hu • Di–So 10–18 Uhr • Eintritt 1500 Ft, erm. 600 Ft

Szépmüvészeti Múzeum (Museum der Bildenden Künste)   E 4

Das Museum ist wegen Renovierung bis 2018 geschlossen. Hauptwerke der Sammlung sind derweil in der Nationalgalerie (▸ S. 89) zu sehen.

Terror Háza Múzeum (Haus des Terrors)   D 5

Das Gebäude war lange Zeit eine Folterstätte. Im Zweiten Weltkrieg waren es die Pfeilkreuzler, ungarische Faschisten, seit den 1950er Jahren die Geheimpolizei des kommunistischen Staates, die hier ihre Opfer malträtierten. Der stalinistische Terror ist in Ungarn bis heute ein großes Thema, die Umwidmung des einstigen Hauptquartiers der Geheimpolizei in ein Museum wurde von der Bevölkerung begrüßt. Was als kritisch gilt, ist die einseitige Darstellung der kommunistischen Verbrechenstaten, vor allem bei der Niederschlagung des Volksaufstands 1956, und die nur minimale Dokumentation der brutalen Aktivitäten der Pfeilkreuzler, auf die sich u. a. die rechtsextreme Partei Jobbik gründet. Nach Bürgerprotesten versuchte man immer wieder einmal in Sonderausstellungen über die Gräuel der faschistischen Periode zu informieren, doch das wiederum ist rechtsnationalen Ungarn ein Dorn

Das Haus des Terrors (▶ S. 90) im früheren Hauptquartier der Geheimpolizei widmet sich den Opfern von Terror, vor allem jenen des Stalinismus.

im Auge. Beide Male geht es um ideologisch grundierte menschenfeindliche Umtriebe. Die Fotogalerie zeigt deutlich, wozu Hass auf andere Menschen führen kann.

Belváros • Andrássy út 60 • Metro: Vörösmarty tér • www.terrorhaza.hu • Di–So 10–18 Uhr • Eintritt 2000 Ft, erm. 1000 Ft

Varga Imre Gyüjtemény (Imre-Varga-Sammlung) ▮▮ B/C 1

Am Fő tér in Óbuda, am Zugang in die hübsche Laktanya utca, sind vier Frauen aus Metall mit Regenschir-

men zu sehen, die sich gegenseitig zu ignorieren scheinen. Imre Varga (*1923) hat die Skulpturengruppe geschaffen. Er gilt als der beliebteste ungarische Künstler und ist auch im Ausland bekannt. Deutschland verlieh ihm 2002 für sein Lebenswerk das Bundesverdienstkreuz. Im Haus sind einige seiner Arbeiten zu sehen, aus Blech, Eisen und Bronze, frech und provokativ. Varga hat berühmte Ungarn und historische Persönlichkeiten anderer Länder zu Skulpturen geformt, so Béla Kun, Imre Nagy, Charles de Gaulle, Winston Chur-

Das Ethnografische Museum (▶ S. 90) im ehemaligen Gerichtsgebäude beschäftigt sich u. a. mit der Bauernkultur und den verschiedenen Volksgruppen Ungarns.

chill oder Konrad Adenauer. Von ihm stammt aber auch das ernste Holocaust-Denkmal hinter der Großen Synagoge, das an eine Trauerweise erinnert.

Óbuda • Laktanya utca 7 • Vorortzug HÉV 5: Szentélek tér, Bus 34, 106, 134, 234: Szentlélek tér • Di–Fr 10–16, Sa, So 10–18 Uhr, Eintritt 800 Ft, erm. 400 Ft

Zsidó Múzeum (Jüdisches Museum)   D 6

Theodor Herzl (1860-1904) war der wortmächtige Begründer des Zionismus. Er wurde in diesem Haus geboren, studierte in Wien und lebte lange mit seiner Familie in Reichenau an der Rax. Einige hinterlassene Dokumente und Fotos des Feuilletonisten und Vordenkers einer jüdischen Staatsgründung sind in der Dauerausstellung zu sehen. Der Fokus ist auf die dramatische Verfolgung und Unterdrückung der Budapester Juden im Zweiten Weltkrieg gerichtet. Ein anderer Schwerpunkt ist der Antisemitismus als Massenerscheinung in europäischen Ländern. Die Schau über die mehr als 1000-jährige Geschichte der ungarischen Juden ist äußerst informativ. Zu sehen sind auch Thora- und Talmudhandschriften sowie Goldschmiede- und Stickkunst aus zerstörten Synagogen.

Belváros • Dohány utca 2, neben der Großen Synagoge • Metro: Astoria • www.zsidomuzeum.hu • März–Okt. So–Do 10–18, Fr 10–16.30, Nov.–Feb. So–Fr 10–16 Uhr • Eintritt 2000 Ft, erm. 1000 Ft

GALERIEN

In der **Falk Miksa utca** in der nördlichen Leopoldstadt, mitten in einem Wohnviertel mit herrschaftlichen Häusern, in denen einst Großbürger residierten, ist die Kunst ein Kristallisationspunkt. In den 1990er-Jahren kamen erste Galeristen und Antiquitätenhändler in die idyllische Straße, die nach Miksa (Maximilian) Falk (1828–1908) benannt ist. Der Chefredakteur des »Pester Lloyd« und Politiker war eine einflussreiche Persönlichkeit und daneben der private Ungarischlehrer von Kaiserin Elisabeth. Hier hat sich die ungarische Galerieszene etabliert. Einmal im Jahr wird das **Falk Art Fórum** (www.falkart.hu) veranstaltet, ein Straßenfest, an dem sich mehr als 50 Galeristen beteiligen. In der Falk Miksa utca sind u. a. vertreten:

Haas Galéria   C 5

Seit 1995 bringt Galerist János Haas im ersten Stock eines Jugendstilhauses dem Publikum moderne ungarische Kunst nahe. Deren führende Namen sind den meisten Besuchern nicht bekannt, ob Géza Bene, Rafael Gyozo oder Eugene Wein. Doch es lohnt sich, die Kunst (vor allem 20., auch 21. Jh.) zu begutachten. Haas zeigt auch Werke aus den ehemaligen Künstlerkolonien in Szentendre (Czóbel, Ferenczy u. a.) und dem heute rumänischen Baia Mare.
Leopoldváros • Falk Miksa utca 13 • Tram 2, 4, 6: Jászai Mari tér/Szent István körút • www.haasgaleria.hu • Mo–Fr 10–18, Sa 10–13 Uhr

Kieselbach Galéria   C 5

Von Tamás Kieselbach heißt es, dass er schon als Halbwüchsiger geschäftstüchtig gewesen sei. Der Schüler verkaufte seinerzeit alte Möbel an Eltern seiner Mitschüler. Der erfolgreiche Kunsthändler gehört zu den hundert vermögendsten Ungarn und präsentiert sich entsprechend. Bei Auktio-

nen erzielt er gewöhnlich hohe Preise. Auf seiner Webseite finden sich Dokumentationen hauptsächlich zu Werken der ungarischen Malerei zwischen 1850 und 1950. Das war die Zeit, in der die bedeutenden Künstler des Landes in regem Austausch mit europäischen Kollegen standen.
Leopoldváros • Szent István körút 5, Ecke Falk Miksa utca • Tram 2, 4, 6: Jászai Mari tér/Szen István körút • www.kieselbach.hu • Mo–Fr 10–18, Sa 10–13 Uhr

Nagyházi Galéria   C 5

Casaba Nagyházi war einer der ersten Galeristen, die diese Straße entdeckten und entwickelten. Seit 1994 ist sein Auktionshaus hier angesiedelt. Es ist eines der wichtigsten in der Branche und arbeitet mit dem Londoner Auktionsriesen Sotheby's zusammen.
Leopoldváros • Balaton utca 8, Ecke Falk Miksa utca • Tram 2, 4, 6: Jászai Mari tér/Szent István körút • www.nagyhazi.hu • Mo–Fr 10–18, Sa 10–14 Uhr

Virág Judit Galéria   C 5

Die Kunsthistorikerin Judit Virág ist Tamás Kieselbachs größte Konkurrentin. Zusammen mit ihrem Ehemann István Törö betreibt sie diese Galerie, in deren weitläufigen Ausstellungsräumen erstklassige Werke ungarischer Malerei des 19. bis 21. Jh. versammelt sind. Bei regelmäßigen Auktionen werden Forint-Millionen umgesetzt. Die kundige Galeristin beherrscht weitgehend den nationalen Kunstmarkt.
Leopoldváros • Falk Miksa utca 30 • Tram 2, 4, 6: Jászai Mari tér • www.viragjuditgaleria.hu • Mo–Fr 10–18 Uhr

Das Budapester Stadtwäldchen (▸ MERIAN Tipp, S. 19) lockt mit
Freizeitvergnügen für Groß und Klein, ob im Heilbad oder Zoo,
beim Bootfahren oder Schlittschuhlaufen.

Spaziergänge und Ausflüge

In der Budapester Innenstadt wird flaniert, Kaffee getrunken und gebadet, aber auch ein Ausflug über den Stadtrand hinaus lohnt.

Erzsébetváros (Elisabethstadt) – Das einstige jüdische Viertel

Charakteristik: Der Spaziergang führt von der Großen Synagoge mitten hinein in den 7. Bezirk, die Elisabethstadt, einst das Pester Getto **Dauer:** 5–6 Stunden

 **Länge:** 3–4 km **Einkehrtipp:** Spíler, Király utca 13, im Gozsdu udvár (Hof), Tel. 8 78 13 20, www.spilerbp.hu €€

C/D 6

Wenn Sie die kompakte Elisabethstadt erleben wollen, sollten Sie Ihren Spaziergang am Dreieck Rákóczi út, Károly körút und Dohány utca beginnen. Dort stehen Sie mit Blick auf die **Große Synagoge** (Nagy Zsinagóga) ⭐, die größte Europas, im maurisch-byzantinischen Stil. Die beiden Türme mit ihren Zwiebelkuppeln sind 43 m hoch. Das Gotteshaus mit 3000 Plätzen ist in der Reformzeit errichtet worden, als die Stadt sich in eine elegante Metropole zu verwandeln begann.

Als die Synagoge 1854–59 gebaut wurde, gab es viele Neider, die dem jüdischen Bevölkerungsteil so viel Pracht nicht zugestehen wollten. Dabei verdankten sie jüdischen Großbürgern einen erheblichen Teil der Stadtanlage. Der Architekt Ludwig Förster nahm sogar Kirchenelemente in seinen Entwurf auf: Dem Langhaus ordnete er seitlich zweigeschossige Emporen zu, was der räumlichen Form einer Basilika entspricht, und der Thoraschrank nimmt nicht wie sonst die Raummitte ein, sondern steht dort in der Synagoge, wo sich in Kirchen der Altar befindet.

Große Synagoge ▶ Gozsdu udvár

Begeben Sie sich auf die Wesselényi utca linker Hand von der Synagoge, kommen Sie zunächst am **Heldentempel** (Hősök temploma) vorbei,

gebaut zu Ehren gefallener jüdischer Soldaten im Ersten Weltkrieg. Während der Naziherrschaft grenzte das Gebäude direkt an das Getto. Im Garten hinter dem Museum und der Synagoge wurden die Märtyrer des Gettos in Massengräbern beigesetzt. In der Wesselényi utca gibt es Geschäfte und Lokale, die oft von israelischen Investoren eröffnet worden sind, darunter das **Café Noe** (Nr. 13, www.torta.hu), dessen Chefin Rachel Raj auf Bio-Kuchen spezialisiert ist, der aber recht üppig ausfällt. Nach dem Probieren können Sie die Schaufenster der eher kleinen Läden und Manufakturen in der sich leicht windenden Straße betrachten. Wer seinen Espresso pompös serviert haben will, muss weiterlaufen bis zum Erzsébet körút, Teil des Großen Rings, wo die Prachtfassade des **Cafés New York** (Nr. 9–11, www.new yorkcafe.hu) weithin sichtbar ist. Das traditionsreiche Literatencafé – halb Neobarock, halb Stil-Potpourri – wurde inzwischen aufwendig saniert. Als man es 1894 eröffnete, stahl der Dichter Ferenc Molnár den Schlüssel, lief zur Donau und versenkte ihn in den Fluten – auf dass das Kaffeehaus niemals geschlossen würde. Gehen Sie jetzt zur Dob utca, vorbei am **Klauzál tér**, einem Minipark mit Bänken, und schauen Sie sich das

Haus Nr. 11 an: In der legendären Barbierstube geht es nur Männern an die Haare. Selbst vor der Tür stehen Stühle für Wartende, die sich für 3500 Forint (etwa 10 €) eine neue Frisur verpassen lassen. Ein Stück weiter, an der Ecke zur Rumbach Sebestyén utca gibt es einen netten jüdischen Tante-Ruth-Laden namens **Élelmiszer**.

Gozsdu udvár ▶ Király utca

Gehen Sie nun zum **Gozsdu udvár**, sechs miteinander verbundenen Innenhöfen zwischen Dob, Jolló und Király utca, die Eingänge sind beschildert. Abends geht man dorthin, um abzuhängen. Britische Touristen brechen hier sämtliche Bierrekorde. Tagsüber ist es ruhiger, man speist günstig, etwa Hummus. Lokale und Cafés reihen sich, darüber gibt es Büros und Wohnungen, mitunter fiedelt schon am Vormittag ein Geiger. Das Ganze wirkt etwas verramscht, hier und da blättert der Putz ab – aber es hat Atmosphäre.

In der Querstraße **Kazinczy utca** befinden Sie sich im orthodoxen jüdischen Viertel mit eigener Synagoge, koscherem Metzger und dem Lokal Hanna, einem rituellen Bad der »Autonom Jewish Orthodox Community« und dem 1872 eingerichteten Friedhof.

Die Visite im **Szimpla kert** (Kazinczy utca 14), einem Hofgarten mit Kopfsteinpflaster und vielen Pflanzen, in dem Getränke und kleine Gerichte zu haben sind, gewährt Einblick in ein Urgestein der Budapester Alternativkultur.

An der **Király utca** finden sich interessante Geschäfte, etwa das GOA HOME (Nr. 19–21, www.goaworld.hu). Im Café wird auch Retro-Look und Plunder verkauft, der etwas düstere Hinterraum ist beliebt für Rendezvous.

Im Café Noe (▶ S. 96) in der Wesselényi utca zaubert die israelische Inhaberin Rachel Raj üppige Torten und Süßspeisen – und alle bio!

Budapester Bäder – Von einem Thermal-wasserbecken zum anderen

Charakteristik: Der Spaziergang führt vom Széchenyi-Bad im Stadtwäldchen über die Prachtstraße Andrássy út und die Freiheitsbrücke zum Rudas-Bad an der Budaer Donauseite **Dauer:** 1 Tag **Länge:** 5–6 km **Einkehrtipp:** Menza, List Ferenc tér 2, Tel. 4 13 14 82, www.menzaetterem.hu €€

 E 4–C 7

Die ungarische Hauptstadt ist seit 1937 ein amtlich anerkannter Kurort, sie wird deshalb auch gelegentlich »Bad Budapest« tituliert. Denn unter der Stadt sprudeln 130 Thermalquellen, deren Wasser in 14 Heilbäder geleitet wird. Die unterirdischen heißen Quellen bilden gleichsam eine Gesundheitsschwemme, aus der täglich 70 Millionen Liter Heilwasser in die Metropole strömen.

Sie können zwei Mal baden an einem Tag – oder nur einmal und das zweite Mal auf den nächsten Tag verschieben. Wer es in prachtvollem Ambiente tun will, steigt im Stadtwäldchen im **Széchenyi-Heilbad** (Széchenyi Gyógyfürdő) in 21 Becken, die sich in Gebäuden befinden, aber ebenso – auch im Winter – im Freien. Die Wassertemperatur liegt bei 37 Grad. Das mineralhaltige Wasser nützt vor allem der Haut, wirkt aber auch präventiv gegen allerlei Krankheiten. Und das alles geschieht in einer Jugendstil-Orgie im Stil des ungarischen Sezessionimus mit ockerfarbener Fassadenpracht, Säulen, Kuppeln, Mosaiken, Reliefs und Statuen. Viele Filme wurden in diesen Kulissen gedreht.

Im Angebot sind neben Massagen auch verschiedene Wellnessbehandlungen zu fairen Preisen (www.heilbaderbudapest.com).

Nach dem Bade ist vor dem Bade. Der Körper erholt sich beim Spaziergang über Budapests vornehmste Straße, die **Andrássy út**.

Hősök tere ▶ Kodály Körönd (Rondell)

Am **Heldenplatz** (Hősök tere) ⭐ mit der Kunsthalle und dem Museum der Bildenden Künste haben Sie einen Blick in die wie mit dem Lineal gezogene Straße. Die Privatsammlung im **KOGART-Haus** (Andrássy út 112), einem kalkweiß getünchten palastartigen Bau, will moderne ungarische Kunst mit moderner ungarischer Küche verbinden. Sehr beliebt ist das Café. Die Villen ringsumher sind meist Botschaften.

Bald darauf folgt das kreisrunde **Rondell** (Kodály Körönd). Den Platz bestimmen vier mächtige, gerundete Palais mit hohen Bäumen davor. Im Haus Nr. 89 hat Zoltán Kodály (1882–1967) gewohnt, der sich als Komponist und Volksmusikforscher einen Namen machte. Zu den Palais gehören Gärten, darin stehen Statuen bedeutender Ungarn, die im Freiheitskampf gegen die Türken ihr Leben verloren.

Kodály Körönd (Rondell) ▶ Oktogon

In der Andrássy út 69 ist das Budapester **Puppentheater** sesshaft. Das Eckhaus Nr. 67 mit seiner Renaissancefassade war das **Wohnhaus**

Das prunkvolle Szechenyi-Bad (▶ S. 98), ein architektonisches Schmuckstück, verspricht Entspannung, wenn nicht Heilung, in wohltuend warmem Wasser.

von Franz Liszt, dem Komponisten und Musiklehrer. Hier gründete er seine Musikakademie. Nr. 60 ist das **Haus des Terrors**. Von hier an wird die Fahrbahn der Andrássy út auf beiden Seiten von Promenaden flankiert, die einst Reitwege waren.

Am **Oktogon** erkennen Sie sofort die achteckige Form des Platzes. Die Prachtstraße Andrássy út kreuzt hier den Großen Ring.

Oktogon ▶ Rudas Gyógyfürdő

Am **Jókai tér** wird es grün. Zu beiden Straßenseiten zieht sich ein schmaler Park, besetzt mit Skulptu-

ren von Künstlern. Alle Lokale haben Gartenbereiche. Nur wenige Schritte weiter steht die **Oper**; der Theaterwelt gehören die Seitenstraßen. Bis zur Bajcsy Zsilinszky út können Sie noch einige Großbauten mit Säulen, Risaliten, Balkonen und Dachlandschaften betrachten.

Sie können den kürzesten Weg zum Badevergnügen nehmen: Deák Ferenc tér – Vörösmarty tér – Vigadó tér – Donauufer und schließlich über die Elisabethbrücke. Alternativ können Sie der Váci utca bis zum Vámház körút folgen und nach rechts abbiegen. Kurz vor der **Zentralen Markt-halle** (Központi Vásárcsarnok) ⭐ geht es auf die Brücke. Nach deren Überquerung halten Sie sich rechts und laufen auf dem Raoul Wallenberg rakpart zum **Döbrentei tér**, wo sich das älteste Thermalbad der Stadt befindet, das ein türkischer Pascha 1566 errichten ließ. Das **Rudas-Bad** (Rudas Gyógyfürdő) ist trotzdem das derzeit modernste Bad der Stadt. Es umfasst drei Häuser aus verschiedenen Epochen: das Osmanische Bad befindet sich unter einer Kuppel, die von acht Säulen getragen wird und mit ihren farbigen Glasscheiben, durch die Tageslicht einfällt, wie ein von Sternen übersäter Himmel wirkt; das Bürger-Bad aus dem 19. Jh.; und die aufgesetzte Dachterrasse mit Pool und Wellnessbereich aus dem 21. Jh. Das Thermalwasser kommt vom Gellértberg. Sitzen Sie im Liegestuhl auf dem Dach oder ruhen Sie im warmen Wasser – der Blick auf Donau, Brücken und Pest ist großartig.

INFORMATIONEN
Széchenyi Gyógyfürdő
Városliget • Állatkerti körút 9–11 • Metro: Széchenyi fürdő • Tel. 3 63 32 10 • www.szechenyibad.hu • Schwimm- und Dampfbad tgl. 6–22, Thermalbad tgl. 6–19 Uhr • Tageskarte Mo–Fr ab 4500 Ft, Sa, So ab 4700 Ft

Rudas Gyógyfürdő
Gellérthegy • Döbrentei tér 9 • Tram 18, 19: Döbrentei tér • Tel. 3 56 13 22 • de.rudasfurdo.hu • Schwimmbad tgl. 6–22, Wellness- und Saunabereich tgl. 8–22 Uhr, Dampfbad tgl. 9–20 Uhr, Fr, Sa Dampf- und Nachtbad 22–4 Uhr • Eintritt je nach Wochentag, Schwimmbad ab 1800 Ft, Thermalbad ab 3100 Ft, Kombikarte ab 4500 Ft

Über die Freiheitsbrücke (▶ S. 76) geht es von Pest nach Buda, wo eine Statue am Fuß des Gellértbergs den Nationalheiligen König Stephan I. darstellt.

Budapester Kaffeehäuser – Mehr als Kaffee und Kuchen

Charakteristik: Budapester Kaffeehäuser sind Institutionen. Früher arbeiteten dort Literaten und Theatermacher in aller Öffentlichkeit an ihren Werken und diskutierten gemeinsam. Das ist nur noch eine Erinnerung, heute sind Cafés nur zum Genuss da **Dauer:** 4–5 Stunden **Länge:** 6–7 km

📖 A 6–D 5

Ungarn sagen zum Kaffeehaus »kávéház«, die Betonung liegt auf der letzten Silbe, dem »Haus«. Sie können auf der Tour Ihr Lieblings-Kaffeehaus entdecken, die Vielfalt ist enorm. Die »cukrászda« ist eine Konditorei, in der es Torten, Kuchen und Eis gibt, und das »eszpresszó«, die Vorstufe des Kaffeehauses, in dem der Budapester nur einen schnellen Espresso trinkt, gehören dazu. Das »kávéház« aber ist Teil des mit den Österreichern gemeinsamen Erbes der untergegangenen Donaumonarchie. Der Kaffee kam mit den das Land erobernden Türken nach Ungarn. Zu Beginn des 20. Jh. soll es in Budapest 500 Kaffeehäuser gegeben haben. Dort wurden Damen mit der Begrüßung »Kezit csókolom!« (»Küss die Hand!«) empfangen. Manchmal noch heute.

Buda
Im Burgviertel wurde wohl zuerst Kaffee ausgeschenkt. Die **Ruszwurm Cukrászda** (Szentháromság utca 7) wurde 1827 gegründet und gilt als das älteste Kaffeehaus Ungarns. Teile der alten Biedermeier-Einrichtung sind im denkmalgeschützten Haus verblieben, es gibt aber nur wenige Plätze. Unterhalb des Burgviertels, am Batthyány tér 7, empfängt das Kaffeehaus **Angelika** in einem ehemaligen Pfarrhaus. Es ist ganz im Stil des Biedermeiers eingerichtet. Neben Kaffee und Kuchen gibt es auch kleine Gerichte und direkten Donau-Blick.

Pest
Überqueren Sie über die Margaretenbrücke hinüber nach Pest. Erster Anlaufpunkt ist das **Secessio Café** (Honvéd utca 3) in einem Jugendstilhaus mit grün getünchter Fassade, Rundbogenfenstern und Balkonen. Das Café gehört zum Haus der Ungarischen Sezession, deshalb ist alles stilecht. Angenehm: Das Ambiente ist wichtiger als alles Gebäck, Torten und Kuchen; der Kaffee ist exzellent. Gehen Sie von hier aus zum Vörösmarty tér. Dort befindet sich das **Gerbeaud**, das weltberühmte nostalgische Kaffeehaus von 1858. An die hundert süße Leckereien sind im Angebot, man sitzt auf der Terrasse. Die meisten Budapester empfinden die Preise für die Dobostórta überteuert. Ein Touristenort, aber mit großer Tradition.

Nahebei liegt das **ÉS Deli** (Deák Ferenc utca 12–14) mit austro-ungarischem Kaffeehausflair und zuvorkommendem Service. Es wird nur Premium-Kaffee serviert, die hauseigene Mischung heißt »ÉS Deli Blend«, die Bohnen stammen aus fairem Handel und sind in Afrika und Lateinamerika auf über 1500 m Höhe gereift.

Die Ruszwurm Cukrászda (▶ S. 101) im Burgviertel gilt als das älteste Kaffeehaus der Stadt. Eröffnet wurde es 1827.

Nur wenige Schritte sind es von hier zum **Gerlóczy** (Gerlóczy utca 1), das mit dem Slogan »Ein Stück Paris in Budapest« wirbt. Es ist im Art-déco-Stil eingerichtet. Idyllisch ist der Platz davor.

In derselben Gegend behauptet sich seit mehr als hundert Jahren das **Café Centrál** (Károlyi utca 9). Es war Kreuzungs- und Treffpunkt der Literaten. Ihre Bilder hängen in den hohen Räumen.

Die Kaffeehaus-Tour führt Sie nun auf die Andrássy út. Dort befindet sich das **Book**-Café mit dem schönen Lotz-Saal über der Buchhandlung (Nr. 39). Es schmückt sich mit großen Spiegeln, vielen Polstern und herrlichen Fresken.

Wer es bescheidener will, aber gemütlich zwischen duftenden Kaffeesäcken, geht ins **EcoCafé** (Andrássy út 68) und schlürft mit gutem Gewissen aus der Tasse.

INFORMATIONEN

Ruszwurm Cukrászda   A 6
www.ruszwurm.hu • tgl. 10–19 Uhr

Angelika   B 5
www.angelikacafe.hu • tgl. 10–23 Uhr

Secessio   C 5
www.secessio-cafe.hu • Mo–Fr 9–19, Sa 10–17 Uhr

Gerbeaud   C 6
www.gerbeaud.hu • tgl. 9–21 Uhr

És Deli   C 6
www.esdeli.hu • tgl. 7–19 Uhr

Gerlóczy   C 7
www.gerloczy.hu • tgl. 7–23 Uhr

Centrál   C 7
www.centralkavehaz.hu • tgl. 8–23 Uhr

Book-Café   D 6
www.lotzterem.hu • Mo–Sa 10–22 Uhr

EcoCafé   D 5
www.ecocafe.hu • Mo–Sa 7–20 Uhr

AUSFLÜGE IN DIE UMGEBUNG
Schloss Gödöllö

Charakteristik: Das Schloss, in dem Sisi sich zu Hause fühlte, liegt 30 km nordöstlich von Budapest und hat eine wechselvolle Geschichte hinter sich **Dauer:** 1 Tag **Länge:** ca. 60 km **Anfahrt:** In Budapest mit der Metro 2 zur Endstation Örs vezér tere, dort umsteigen in die Vorortbahn HÉV 8 bis zur Haltestelle Szabadság tér in Gödöllö, ca. 45 Min. **Einkehrtipp:** Napsugár Étterem, Rét utca 1/a, Tel. 06 28/4 10 416 €€

nordöstl. F 3

Das Königliche Schloss Gödöllo (Gödöllöi Királyi Kastély) gilt als »Ungarns Versailles«. Das ist übertrieben, aber als eine der schönsten ungarischen Schlossanlagen kann es bezeichnet werden. Es liegt nordöstlich von Budapest in einer Tieflandebene und ist mit dem Sisi-Mythos verbunden. Elisabeth, die Gattin von Kaiser Franz Joseph, soll sich hier lieber aufgehalten haben als in der Wiener Residenz. Ungarns größtes Barockschloss war das Krönungsgeschenk der Nation, nachdem das kaiserliche Paar 1867 zu Beginn der Doppelmonarchie auch zum König und zur Königin von Ungarn erhoben worden war. Heute wird das Schloss pro Jahr von über 200 000 Besuchern angesteuert.

Geschichte

Erbaut wurde es ab 1735 nach einem Entwurf von Andreas Mayerhoffer. Nach der Vertreibung der Türken hatte sich in Ungarn eine neue Aristokratie herausgebildet. Einer ihrer Vertreter war Graf Antal Grassalkovich (1694–1771), ursprünglich Kroate, der die Siedlungs- und Kolonisationspolitik von Maria Theresia unterstützte. Von der Kaiserin gefördert, gelang ihm eine hervorragende Karriere. Maria Theresia besuchte Grassalkovich 1751 in Gödöllö, seine Nachfahren wurden in den Fürstenstand erhoben. Diese Geschichte wird in der Ausstellung im Schloss gezeigt. Grassalkovich hatte das dreiflügelige Schloss prachtvoll bauen lassen, es wurde zum Vorbild weiterer Barockschlösser in Ungarn. Doch einer der Nachfahren, Antal III., hatte keinen Sinn für Finanzen. Nachdem er das Grundstück für das heutige Nationalmuseum in Budapest gestiftet hatte, war sein Geld dahin, und er ließ seine eigenen Besitztümer verkümmern.

Erst als das Schloss als Repräsentationsgeschenk an Habsburg gegangen war, gelangte es zur Blüte. Sisi verguckte sich in das Anwesen. Sie konnte in der dortigen Umgebung lange Laufstrecken zurücklegen, was ungewöhnlich war für eine Blaublütige, und in der weitläufigen Parklandschaft ausreiten. Sie soll öfter in Gödöllö übernachtet haben als in der Wiener Hofburg. Das aber könnte eine Legende sein, denn Sisi ist bis heute in Ungarn ein Star. Sie war volkstümlich, lernte eifrig die Sprache der Ungarn, ging auf die Menschen zu, und beim Hofhalten im Gödöllöer Schloss waren viele ungarische Landsleute ihre Gäste.

Nach Sisis Ermordung 1898 verloren die Habsburger ihr Interesse an Gödöllö. Das Anwesen verfiel. Erst Reichsverweser Miklós Horthy, ein rechtsnationaler Aufsteiger, nutzte das Schloss ab 1920 als Sommerresidenz. Im Zweiten Weltkrieg plünderten erst deutsche, nach ihnen sowjetische Soldaten das Schloss. Im realsozialistischen Ungarn gab es kein Geld für die Anlage, erst nach der Demokratiewende hatte es wieder Repräsentationswert. Während der ungarischen EU-Ratspräsidentschaft 2011 wurde Schloss Gödöllö als Tagungsort hergerichtet. Es gibt aber nach wie vor noch Renovierungsbedarf.

Besichtigung

Zu sehen sind derzeit 30 Räume, deren Wandmalereien freigelegt und deren Stuck erneuert wurde. Die Dauerausstellung ist eine Huldigung Sisis. Das Schloss wird aber auch für Veranstaltungen, Konzerte und Theatervorstellungen genutzt.

Eindrucksvoll ist es, aus der kleinen, 30 000 Einwohner zählenden Stadt auf das Schloss mit vorgelagertem Ehrenhof zuzugehen. Die Mansardendächer leuchten, die Eckpavillons sind verziert und erscheinen als niedrige Türme. Der Hauptflügel als Mittelbau wird von einem kuppelbekrönten Risalit durchschnitten – das ist reine Dekoration und verkörperte höfische Würde. Der Festsaal ist mit einem Gewölbe versehen. Besucher verstehen intuitiv, warum Sisi das u-förmige Anwesen so gefiel. Es ist offen gehalten und doch geschützt, die Gebäudeflügel sind hell und licht.

Im **Prunksaal** mit seinen vergoldeten Stuckornamenten schuf György Vastagh sein berühmtes Sisi-Porträt, vor dem viele Besucher Andacht

Auf Schloss Gödöllö (▶ S. 103) nordöstlich von Budapest fühlte Kaiserin Elisabeth (»Sisi«) sich zu Hause. Insgesamt 30 Räume sind hier zu besichtigen.

halten. Der Zutritt ins **Sisi-Gedächt-niszimmer** hat etwas Intimes. Hier schrieb sie Tagebuch und verfasste Briefe, u. a. an Heinrich Heine.

In einem Seitenflügel war früher ein **Barocktheater** untergebracht, 2003 wurde es renoviert und die Kulissentechnik des 18. Jh. wieder in Gang gebracht. Das dürfte es in Europa kein zweites Mal geben. Schön ist der lang gestreckte **Schlosspark** mit uraltem Baumbestand. Eine Gedenktafel zeigt den Lieblingsplatz Sisis: die Fasanerie mit der alten Baumallee.

INFORMATIONEN
Schloss Gödöllö
April–Okt. tgl. 10–18 Uhr, Nov.–März Mo–Fr 10–16, Sa, So 10–17 Uhr • Eintritt 2500 Ft, erm.1250 Ft, Familienticket 5200 Ft • www.kiralyikastely.hu Das Barocktheater kann nur im Rahmen einer Führung besichtigt werden (nur Sa, So, 1200 Ft, erm. 700 Ft extra). Konzerte und andere Veranstaltungen finden vor allem in der warmen Jahreszeit im Schlosshof, im Prunksaal und im Theater statt. Im Eingangsbereich gibt es ein Café.

Donaustadt Szentendre

Charakteristik: Der 20 km nördlich von Budapest gelegene Künstlerort mit seinem mediterranen Charme zieht Besucher an **Dauer:** 1 Tag **Anreise:** Vorortbahn HÉV von Batthyányi tér bis Endstation Szentendre, Fahrzeit 40 Minuten. Mit dem Schiff ab Vigadó tér, Fahrzeit 2 Stunden **Einkehrtipp:** Müvész Étterem, Dumtsa Jenő utca 7,  Tel. 06 26/31 14 84, tgl. 11–23 Uhr €€ **Auskunft:** tourinform, Dumtsa Jenő utca 22, www.iranyszentendre.hu/de, Di–So 9–17 Uhr
Karte ▶ S. 107

Dort, wo der Fluss sich in die Kurve legt, am südlichen Ausgang des Donauknies, liegt Szentendre malerisch ans Ufer gebettet. Das barocke Künstlerstädtchen ist beliebt, weil es sein ganz eigenes Flair besitzt. Wenn Sie auf der Donaupromenade einen Kaffee trinken, erkennen auch Sie mitten im sommerlichen Besucherstrom und trotz der touristisch ausgerichteten Läden das Beschauliche dieses Städtchens. In den barocken Gassen tragen die alten Bürgerhäuser an ihren Fassaden Rokoko- und Zopfstil-Elemente, reizvoll ist außerdem der Hauptplatz (Fő tér). Und dann gibt es noch attraktive Kunsthorte, denn Szentendre ist ein Museumsstädtchen.

Das einstige Sankt Andrä erlebte zu Beginn des 18. Jh. den geballten Zuzug von Flüchtlingen aus Serbien, die unter der türkischen Knute litten. Die Zugewanderten nahmen den Ort in Beschlag, übernahmen den Handel, bauten und machten Szentendre gar zum proslawischen (orthodoxen) Bischofssitz. Heute sind serbische Familien in der Minderheit, aber ihr geistiges und kulturelles Erbe lebt weiter.

Bahnhof ▶ Fő tér
Vom **Bahnhof** spazieren Sie durch die Unterführung zur Kossuth Lajos utca und sind sofort im Zentrum. Das Haus Nr. 5 ist das **Ferenczy-Museum**. Es stellt die Bilder einer ganzen Künstlerfamilie vor, darun-

Szentendre (▶ S. 105) ist ein idyllisches Künstlerstädtchen.

ter der Impressionist Károly Ferenczy (1862–1917). Auf dem weiteren Weg passieren Sie die serbisch-orthodoxe **Pozsarevacska-Kirche** von 1763. Benannt ist sie nach einem Ort in Serbien, aus dem zahlreiche Siedler stammten. Viele von ihnen fanden ihre letzte Ruhe im Hof, wovon die Grabsteine zeugen.

Eine Attraktion der süßen Art ist das **Marzipanhaus** der Firma Szamos an der Dumtsa Jenö utca 12–14, deren Konditorprodukte vor über hundert Jahren in Szentendre kreiert wurden (www.szamosmarcipan.hu). Sie können dort die Fertigung der Marzipanfiguren verfolgen und beobachten wie bekannte Märchenszenen, Porträts historischer Figuren und die Pralinenvielfalt, allen voran die berühmten Marzipanrosen, entstehen. Einst wurden Zucker und Mandeln zwischen Granitwalzen zermalmt

und erhielten im offenen Brennkessel ihre Substanz und den Geschmack. Die Szamos-Werkstätten heute sind moderne Produktionsanlagen, Messer zerkleinern die Rohstoffe in geschlossenen Kesseln. Es werden auch verschiedene Süßigkeiten, Torten und feine Desserts hergestellt. Die Konditorei ist stilvoll eingerichtet mit Terrazzo-Boden, die Wände schmücken Majolika-Bilder, Spiegel und alte Holzverzierungen. Im Gustav-Klimt-Raum hängen Kopien des österreichischen Malers.

In der Dumtsa Jenö utca 10 können Sie die Dauerausstellung des ungarischen Avantgardekünstlers **Jenö Barcsay** (1900–1988) besichtigen.

Am **Fő tér** steht das Kaufmannskreuz, ein Geschenk serbischer Kaufleute, die der Pest entkommen waren. In den Häusern Nr. 2 bis 5 ist die städtische **Gemäldegalerie** untergebracht, die Werke der mehr als hundert Künstler zeigt, die einst in Szentendre den Pinsel schwangen. Der Gemäldegalerie gegenüber steht das **Gedenkhaus für János Kmetty** (1889–1975), einen populären ungarischen Maler.

Die Vastagh György utca 1 ist das Ziel vieler Besucher, dort befinden sich die volkstümlichen Figuren und Reliefs der Keramikkünstlerin **Margit Kovács** (1902–1977) in einem historischen Gebäude, das sie selbst für ihre Sammlung ausgesucht hatte.

Am Fő tér, Ecke Görög utca, prangt der schönste Barockbau der Stadt, die serbisch-orthodoxe Mariä-Verkündigungs-Kirche **Blagovesztenszka**, von 1752.

Fő tér ▶ Templom tér
Auf einem Hügel über dem Hauptplatz thront die katholische **Pfarrkirche St. Johannes** (Szent János

plébánia templom), ursprünglich stand hier eine alte Burg aus der Zeit der Árpáden, des größten Stammes der Magyaren, mit einem Steinfundament aus dem 13. Jh.

Im kleinen Haus Templom tér 1 hat der Postimpressionist **Béla Czóbel** (1883–1976) gewohnt, nun ist es ihm als Museum gewidmet. Czóbel war ein in seiner Zeit anerkannter Maler, der einst in Paris zur Gruppe um Matisse gehörte und als Pionier der »ungarischen Wilden« galt. Ihm verdankt der Ort, in dem er zweieinhalb Jahrzehnte lebte, viel, darunter sein großartiges Alterswerk, die »Venus von Szentendre«.

Skanzen und Szentendre-Insel

Rund 3 km nordwestlich von Szentendre erstreckt sich das größte ungarische **Ethnografische Museum Skanzen**, mit mehreren bäuerlichen Siedlungen aus unterschiedlichen Epochen, einer Windmühle, drei Kirchen und einer historischen Bummelbahn (Bus ab Busbahnhof, Bussteig 7, ▸ Familientipps, S. 50).

Szentendre vorgelagert ist die 31 km lange **Szentendre-Insel** mit Hotels und Freizeiteinrichtungen, darunter einem großen und beliebten Golfplatz. Die Insel ist mit der Fähre oder dem Auto über die Brücke bei Tahi erreichbar.

Die wunderschöne, kathedralenartige Zentrale Markthalle
(▶ MERIAN TopTen, S. 66) wurde Ende des 19. Jh. erbaut.
Besonders auffällig sind die bunten Dachziegel.

Wissenswertes über
Budapest

Nützliche Informationen für einen gelungenen Aufenthalt: Fakten
über Land, Leute und Geschichte sowie Reisepraktisches von A bis Z.

Auf einen Blick

Mehr erfahren über Budapest – Informationen über Land und Leute, von Bevölkerung über Lage und Geografie, Verwaltung, Religion und Sprache bis Politik und Wirtschaft.

Amtssprache: Ungarisch
Bevölkerung: 91 % Ungarn, 1 % Deutsche (meist Deutschstämmige), 8 % andere (Slowaken, Rumänen, Griechen u. a.)
Einwohner: 1,73 Mio.
Fläche: 525 km²
Internet: www.budapest.hu
Religion: 65 % Katholiken, 25 % Protestanten, 0,5 % Juden, 9,5 % andere
Verwaltung: 23 Bezirke
Währung: Forint

Bevölkerung

Die letzte Volkszählung 2011 ergab 1,73 Mio. Einwohner. Budapest ist die neuntgrößte Stadt Europas. 13 % der Bevölkerung sind unter 15 Jahren, die Mehrheit (71 %) ist zwischen 15 und 65 Jahren, 16 % sind älter als 65 Jahre. Die Lebenserwartung von Frauen liegt bei 76 Jahren, die von Männern bei 69 Jahren.

Lage und Geografie

Budapest liegt an der Donau. Der Fluss trennt auf der Budaer Seite mit den Budaer Bergen das ungarische Mittelgebirge vom ungarischen Tiefland, das an der Pester Seite ausläuft. Die drei Donauinseln Csepel-sziget, Hajógyári-sziget und Margitsziget gehören zum Stadtgebiet, das insgesamt eine Ausdehnung von ca. 28 km

◄ Die Kettenbrücke (► MERIAN TopTen, S. 76) war die erste feste Brücke der Stadt über die Donau.

hat. Budapest liegt auf einer geotektonischen Bruchstelle, was Grund für die vielen Thermalquellen mit Temperaturen von 24 bis 78 °C ist. Die höchste Erhebung ist der János-Berg mit 523 m. Es herrscht Kontinentalklima: Im Winter ist es kalt (die Temperatur im Januar liegt bei -1 °C), die Sommer sind sehr warm und trocken, der Herbst ist regnerisch.

Verwaltung
Budapest ist in 23 Bezirke unterteilt. Der erste Bezirk ist das Budaer Burgviertel, wo die erste Siedlung stand. Die 23 Bezirke werden von Bezirksverwaltungen regiert, darüber gibt es die Selbstverwaltung der Hauptstadt mit einem Oberbürgermeister. Alle vier Jahre finden Bezirkswahlen statt. Alle führenden politischen Gremien Ungarns (Regierung, Parlament und Ministerien) befinden sich in der Donaumetropole.

Religion
Offiziell bekennen sich rund 75 % der Budapester zu einer Religion. Rund zwei Drittel sind römisch-katholisch und griechisch-katholisch, etwa ein Viertel gehört einer protestantischen Kirche oder evangelischen Freikirche an. Budapest hatte bis zum Zweiten Weltkrieg eine große jüdische Gemeinde, die meisten Juden waren assimilierte Ungarn. Mindestens 600 000 Juden, nach anderen Schätzungen bis zu 800 000, wurden zwischen 1941–45 in Konzentrationslager deportiert, wo die meisten starben. Heute gibt es wieder jüdisches Leben in der Stadt, aber wegen des latenten Antisemitismus in der Gesellschaft sind manche Juden zurückhaltend. Auch Muslime, Buddhisten oder Hinduisten sind vertreten.

Sprache
Nichts an Ungarn ist so befremdlich wie das Ungarische. Lange wurde es in Verbindung mit dem Finnischen gebracht (Finno-Ugrisch), Sprachexperten haben diese Hypothese aber verworfen. Die Melodie des Ungarischen und sein rätselhaftes Innenleben (wer bei bestimmten Wörtern die Silben nicht exakt betont, sorgt für Konfusion und Gelächter) isolieren es in der europäischen Sprachverwandtschaft. Die nächsten Verwandten sind das Mansische und Chanitische, Sprachen vom Ural und dem westlichen Sibirien. Der ungarische Wortschatz hat aber viele lateinische, französische, slawische und deutsche Wörter aufgenommen.

Politik und Wirtschaft
Budapest und das Land werden von der konservativen Partei Fidesz regiert, die 2010 durch einen Erdrutschsieg an die Macht kam. Sie koaliert mit der rechtsextremen Jobbik-Partei (Jobbik = »die Besseren«). Ministerpräsident Viktor Orbán ist umstritten, vor allem weil er die Wirtschaft nicht in Schwung bringt und eine Vorliebe für autoritäre Gesellschaftsmodelle zeigt. Selbst Fidesz-Stammwähler sind großteils demobilisiert – 37 % der Ungarn gehen nicht mehr zur Wahl. Orbáns einziger Trumpf ist der tief verwurzelte ungarische Nationalismus, aber die Reglementierungen seiner Regierung finden immer mehr Ungarn inakzeptabel.

Geschichte

2.–4. Jh. n. Chr.
Im heutigen Óbuda haben die
Römer ein Heerlager, von hier
aus wird die Provinz Pannonien
regiert.

896
Das halbnomadische Kriegervolk
der Magyaren aus dem Gebiet
zwischen Wolga und Ural nimmt
das Land in Besitz.

997–1038
Stephan I., von den sieben Stam-
mesverbänden gewählt, ist erster
ungarischer König.

1247–1265
König Béla IV. lässt die Budaer
Burg errichten. In den folgenden
Jahrhunderten wird sie mehrfach
zerstört und anschließend neu
aufgebaut.

1309–1342
Karl Robert (Károly I.) regiert
als erster König aus dem Hause
Anjou in Buda, das zunehmend
an Bedeutung gewinnt.

1342–1382
Karls Sohn, Ludwig der Große von
Anjou (Lajos I.), erhebt Ungarn
zur Großmacht.

1458–1490
Buda wird unter König Matthias
(Mátyás I.) zu einer der schönsten
Städte Europas. Nach seinem
plötzlichen Tod 1490 zerfällt
sein Werk, weil er keine Nach-
kommen hat.

1526
Das ungarische Heer wird in der
Schlacht von Móhacs von den Tür-
ken geschlagen.

1541–1686
Buda ist die westliche Grenzstadt
des Osmanischen Reiches. 1686,
nach 145 Jahren, erobern die
Habsburger Buda und Pest.

1848–1849
Der Unabhängigkeitskampf der
Ungarn gegen Habsburg wird mit
Hilfe russischer Truppen nieder-
geschlagen.

1867
Österreichisch-ungarischer Ausgleich: Aus dem Kaisertum Österreich wird die Doppelmonarchie.
Franz Joseph und Elisabeth werden zum Königspaar von Ungarn
gekrönt.

1872
Vereinigung von Óbuda, Buda
und Pest zu Budapest.

1896
Rasante Stadtentwicklung aus Anlass der 1000-Jahr-Feier. Die Stadtanlage mit Großem Ring, zentralen Gebäuden und Brücken ist weitgehend abgeschlossen.

1918/1919
Die k.u.k. Monarchie zerfällt. Die Ungarische Republik wird ausgerufen. Das faschistische System unter Miklós Horthy gelangt an die Macht.

1920
Durch den Vertrag von Trianon verliert Ungarn zwei Drittel seines Staatsgebiets und ein Drittel seiner Bürger an die Tschechoslowakei, das spätere Jugoslawien, Österreich und Rumänien.

1941
Ungarn tritt als Verbündeter Nazi-Deutschlands in den Zweiten Weltkrieg ein.

1945
Nach Kriegsende ist Budapest stark zerstört und von der Roten Armee besetzt.

1956
Der Ungarische Volksaufstand gegen das kommunistische Regime wird von sowjetischen Truppen niedergeschlagen, mindestens 2600 Ungarn und etwa 600 sowjetische Soldaten sterben.

1989
Die sozialistische Gesellschaft erodiert. Nach Reformen wird am 23. Oktober die Ungarische Republik proklamiert. Die Grenze zu Österreich wird geöffnet. Viele DDR-Bürger nutzen das »Schlupfloch«, um in den Westen zu gelangen.

1999–2004
Ungarn tritt der Nato bei und wird Mitglied der EU.

2010
Die konservative Partei Fidesz von Viktor Orbán gewinnt die Parlamentswahlen. Erstmals erlangt das rechtsnationalistische Lager Jobbik Plätze im Parlament.

2012
Auf Anordnung der Behörden werden Plätze und Straßen, die nach Ausländern benannt sind, mit Namen ungarischer historischer Persönlichkeiten versehen.

2014/2015
Zahlreiche Straßenproteste gegen die Politik der Regierung Orbán; einige umstrittene Gesetze werden zurückgenommen oder revidiert. Als Reaktion auf die Flüchtlingskrise baut Ungarn Zäune an der Grenze zu Serbien, Kroatien, Rumänien und Slowenien.

Reisepraktisches von A–Z

ANREISE

MIT DEM AUTO

Wer aus Süd- und Mitteldeutschland, Österreich oder der Schweiz anreist, fährt über Wien zur österreichisch-ungarischen Grenze **Nickelsdorf/Hegyeshalom** und dann auf der Autobahn M1 über Györ nach Budapest.

Nord- und Ostdeutsche nehmen die Strecke über Prag und Brünn zu dem slowakisch-ungarischen Grenzort **Bratislava/Rajka**.

Die ungarischen **Autobahnen** sind in gutem Zustand und gebührenpflichtig. Die Registrierung für ihre Benutzung (E-Vignette) kann seit 2013 nur über das Internet vorgenommen werden: www.autobahn.hu. Für ein Fahrzeug mit vier Sitzen sind für zehn Tage 2975 Ft, für einen Monat 4780 Ft zu zahlen. Weitere Tarife für Motorräder u. a. Fahrzeuge online: www.maut-tarife.hu, oder per Kunden-Tel. 0036/36-58 75 00.

In Ungarn darf in Orten 50 km/h, außerorts 90 km/h, auf Autobahnen 130 km/h gefahren werden. Das Abblendlicht muss auch tagsüber eingeschaltet sein. Es besteht Anschnallpflicht. Die Benutzung des Mobiltelefons ist nur mit Freisprechanlage erlaubt. Mitzuführen ist eine Sicherheitsweste für jeden Sitzplatz. **Pannen- und Notfalldienst**: Magyar Autóklub (MAK), Tel. 188.

MITFAHRZENTRALEN

Die Fahrtkosten werden je nach Personenzahl geteilt. Spezialist in Budapest ist **Kenguru Auto-Utas Közvetitö Kft.**, Tel. 266 58 73 oder 70/633 11 21, Tel. in Deutschland: 089/20 32 28 05 oder 0151/23 67 37 81.

MIT DEM BUS

Zwischen Budapest und Deutschland (Berlin, Frankfurt/Main, Hamburg, München, Nürnberg, Stuttgart) sowie Österreich (Wien, Graz, Salzburg) verkehren regelmäßig Reisebusse (www.busliniensuche.de).

Internationaler Busbahnhof – Népliget buszpályaudvár

östl. F 9

Ferencváros • Üllöi út 131 • Metro: Népliget • Tel. 2 19 80 56 • Internationaler Fahrkartenverkauf Tel. 3 82 08 88

MIT DEM FLUGZEUG

Von deutschen Großstädten sowie von Zürich und Wien bestehen tägliche Nonstop-Verbindungen nach Budapest. Die Flugzeit dauert etwas mehr als eine Stunde. Budapests **Liszt Ferenc International Airport** liegt ca. 25 km außerhalb des Zentrums. Der Linienverkehr wird über Terminal 2 abgewickelt; er ist unterteilt in 2 A und 2 B, beide Teile sind durch einen Sky Court miteinander verbunden. Im Bereich 2 A werden alle kontrollfreien Flüge innerhalb des Schengenraums abgewickelt, in 2 B alle anderen internationalen Verbindungen.

Flugauskunft

Tel. 2 96 70 00 • www.bud.hu

Flughafentransport

Vom Terminal 2 hat man nach Ankunft die Möglichkeit, mit dem **Schnellbus 200 E** bis zur Endstation der Metro 3, Köbánya-Kispest, zu fahren. Mit der M3 erreicht man das Stadtzentrum, am Deák Ferenc tér besteht Anschluss zu den Metro-Linien M1 und M2.

Offizielle Flughafentaxis sind nur solche, auf denen **Zónataxi** steht. Es ist nicht ratsam, in andere Taxis oder Privatwagen einzusteigen.

Günstiger ist die Fahrt mit einem der **Airport-Minibusse**. Sind mehrere Personen im Wagen, wird der Preis pro Person reduziert. Tickets löst man in und vor der Ankunftshalle. Die Fahrer bringen jeden Gast zu seiner Budapester Adresse. Die Rückfahrt muss 24 Std. im Voraus gebucht werden: Tel. 2 96 85 55.

MIT DEM SCHIFF

Die Anreise aus **Österreich** auf der Donau ist besonders reizvoll. Sie ist mittlerweile auch bei einigen Reedereien über das Sommerhalbjahr hinaus möglich. Moderne Tragflächenboote verkehren täglich zwischen Wien und Budapest. Die Fahrzeit beträgt etwa sechs Stunden und kostet rund 100 € (einfache Fahrt) und 125 € (hin und zurück).

Information Budapest   C 7

Internationale Schiffsanlegestellen (Nemzetközi hajóállomas) • MAHART, Belváros, zwischen Freiheits- und Elisabethbrücke • Belgrád rakpart 13 • Internationaler Ticketverkauf und Information: Tel. 4 84 40 13 • www.mahartpassnave.hu

Information Wien

DDSG Schifffahrtszentrum • Handelskai 265 • Tel. 0043/1-58 88 05 85 • www.ddsag-blue-danube.at

MIT DER BAHN

Aus deutschen und österreichischen Großstädten und von Zürich aus kann Budapest mit der Bahn erreicht werden. Die Züge fahren mehrmals am Tag, von Berlin und München aus verkehren auch Nachtzüge.

Die meisten Züge kommen am **Ostbahnhof** an (Keleti pályaudvár), einige am **Südbahnhof** (Déli pályaudvár). Wer innerhalb des Landes weiterfahren will, muss meist zum **Westbahnhof** (Nyugati pályaudvár) wechseln. Alle drei Bahnhöfe besitzen Metro-Anschlüsse.

Informationen über Nah- und Fernverkehr: Tel. 4 61 55 00 • www.elvira.hu

AUSKUNFT

IN DEUTSCHLAND, ÖSTERREICH UND DER SCHWEIZ

– Wilhelmstr. 61, 10117 Berlin • Tel. 030/243 14 60 • www.ungarn-tourismus.de

– Opernring 5, 1010 Wien • Tel. 01/ 5 85 20 12 10 • www.ungarn-tourismus.at

– Touristen aus der Schweiz werden über die deutsche Vertretung betreut • www.ungarn-tourismus.ch

IN BUDAPEST

Budapest Tourist   C 6

Belváros • Süt utca 2 • Metro: Deák Ferenc tér • Tel. 4 38 80 80 • tgl. 8–10 Uhr, auch deutschsprachige Auskünfte • www.tourinform.hu

BUCHTIPPS

Zsuzsa Bánk: Der Schwimmer (S. Fischer, 2002) Eine Familie wird durch den Volksaufstand 1956 zerrissen. Der Roman erhielt mehrere Literaturpreise.

György Dalos: Ungarn in der Nussschale (C. H. Beck, 2004) Der Publizist analysiert die über 1000-jährige Geschichte Ungarns, die Fremdherrschaften und die heutige Lage.

Viktor Iro: Gebrauchsanweisung für Budapest und Ungarn (Piper, 2010) Hier wird unterhaltsam beschrieben, wie Zugereiste Budapest angehen sollten.

Imre Kertész: Roman eines Schicksallosen (Rowohlt, 1996) Der Literaturnobelpreisträger erzählt autobiografisch, wie er als junger Mann aus Budapest in das KZ Auschwitz deportiert wurde und überlebte.

DIPLOMATISCHE VERTRETUNGEN
Botschaft der Bundesrepublik Deutschland und Konsulat A 6
Vár • Úri utca 64–66 • Várbusz: Kapisztrán tér • Tel. 4 88 35 00 • www.budapest.diplo.de

Österreichische Botschaft und Konsulat   E 5
Terézváros • Benczúr utca 16 • Metro: Bajza utca • Tel. 4 79 70 10 • www.bmeia.gv.at/botschaft/budapest.html

Schweizerische Botschaft und Konsulat   F 5
Zugló • Stefánia út 107 • Autobus: Stefánia út • Tel. 4 60 70 40 • www.eda.admin.ch/budapest

DONAUFAHRTEN
In Budapest
Es gibt mehrere konkurrierende Unternehmen. So bietet z. B. Legenda 70-minütige Stadtrundfahrten mit modernen Tragflächenschiffen in zwei Variationen an: »Duna Bella« 3900/2400 Ft, »Danube Legend« 5500/2750 Ft mit Stadterklärung und frei gewähltem Getränk. Am schönsten sind die Fahrten in der Dunkelheit, wenn die Stadt erstrahlt. Es gibt sie auch als »Dinner Package«.

Belváros • Vigadó tér Dock 7 • Tel. 2 66 41 90 • www.legenda.hu

In die Umgebung
MAHART-Linienschiffe bieten zwischen April und September Ausflüge ans Donauknie. Vom Vigadó tér geht es nach Szentendre, Esztergom, Vác und Visegrád.
Info: Vigadó tér • Tel. 3 18 12 23 • www.mahartpass.nave.hu

FEIERTAGE
1. Jan. Neujahr
15. März Nationalfeiertag zum Gedenken an die Revolution 1848
Ostermontag
1. Mai Tag der Arbeit
Pfingstmontag
20. Aug. Fest der Staatsgründung
23. Okt. Jahrestag der Revolution 1956 und der Ausrufung der Republik 1989
1. Nov. Allerheiligen
25./26. Dez. Weihnachten

FESTE UND EVENTS
MÄRZ/APRIL
Frühlingsfestival (Budapesti Tavaszi Fesztivál)
Oper, klassische Konzerte, Folklore.
2 Wochen • www.btf.hu

JUNI
Donaukarneval (Duna Karnevál)
Tanzvorführungen und Konzerte im Donaupalast, in der Burg von Vajdahunyad, am Vörösmarty tér; Karnevalsumzug.
1 Woche • www.dunaaert.com

Nacht der Museen (Múzeumok Éjszakája)
Eine Nacht lang sind alle Museen kostenlos zugänglich.
Ende Juni

JUNI–AUGUST
Budapester Sommerfestival (Budapesti Nyári Fesztivál)
Großes Open-Air-Festival mit Klassik- und Jazzkonzerten sowie vielen anderen Veranstaltungen auf der Margareteninsel und der Freilichtbühne in Városmajor.
www.szabadter.hu

Sommer auf der Kettenbrücke (Nyár a Lánchídon)
Wechselndes Kulturprogramm auf der für den Autoverkehr gesperrten Kettenbrücke.
www.festivalcity.hu

Zoo-Musikabende (Zenés Állatkerti Esték)
Jazz, Dixieland, Klezmermusik und Sinfoniekonzerte auf einer Open-Air-Bühne vor dem Jugendstil-Palmenhaus im Zoo.
www.zoobudapest.com

Musikfestival in der Vajdahunyad-Burg (Nyári Zenei Fesztivál a Vajdahunyadvárban)
Verschiedene Formen von Musik kommen im romantischen Hof der Burg zum Vortrag.
Mitte Juli–Mitte Aug. • www.vajdahunyad.hu

Formel 1
Großer Preis von Ungarn auf dem Hungaroring.
Ende Juli • www.hungaroring.hu

AUGUST/SEPTEMBER
Sziget-Festival (Sziget Fesztivál)
Größtes Popfestival Europas. Rund 600 000 Zuhörer über zwei Wochen im August auf der Hájógyari-Insel in der Donau (▶ MERIAN Tipp, S. 18).
www.sziget.hu

Jüdisches Sommerfestival (Zsidó Nyári Fesztivál)
Eine Woche um die Monatswende wird ein breites Spektrum jüdischer Kultur an mehreren Stellen in Budapest präsentiert.
www.jewishfestival.hu

Tag der Staatsgründung und der Verfassung
Feierlichkeiten am 20. August, die am Abend in das größte Budapester Feuerwerk münden.

Budaer Wein-Festival (Budavári Borfesztivál)
Die Winzer des Landes lassen auf dem Budaer Burgschloss ihre Weine und Sekte verkosten.
Mitte Sept. • www.winefestival.hu

OKTOBER
Marathonlauf
Internationale Läufer begeben sich auf die Route zwischen Heldenplatz, Andrassy út, Innenstadt und entlang des Donauufers.
www.budapestmarathon.com

Herbstfestival
Festival der zeitgenössischen Kunst: Tanz, Film, Theater, Performances.
www.festivalcity.hu

DEZEMBER
Weihnachtsmarkt
Traditionell findet der Weihnachtsmarkt auf dem Vörösmarty tér statt mit dem Adventskalender an der Prachtfassade des Kaffeehauses Gerbeaud, aber auch an anderen Plätzen.

Silvester
Zahlreiche Galas und Partys, zum Beispiel auf der Fischerbastei. Open-Air-Konzerte in der City.

FUNDBÜRO ▌▌ D 6
– **BKV**, Budapester Verkehrsunter-
nehmen • Erzsébetváros • Akácfa
utca 18 • Tel. 2 58 46 36 • Mo 8–20,
Di–Do 8–17, Fr 8–15 Uhr
– **Flughafen Ferenc Liszt** • Terminal 2 A •
Tel. 2 96 81 08 • Terminal 2 B •
Tel. 2 95 34 870

GELD
1 € . . . . 312 Ft
1 SFr . . . . 283 Ft
100 Ft . . . . 0,32 €/0,35 SFr

In Ungarn ist die **Währung** der Forint
(Ft oder HUF). Im Umlauf sind Geld-
scheine im Wert von 500, 1000, 2000,
10 000 und 20 000 Ft sowie Münzen
zu 5, 10, 20, 50, 100, 200 Ft. Die Ban-
ken erheben beim Umtausch eine
Gebühr. Am günstigsten ist es, Geldautomaten zu benutzen, aus Sicher-
heitsgründen in Bankräumen.
Die gängigen **Kreditkarten** haben
sich weitgehend durchgesetzt, doch
in Pensionen, kleineren Lokalen und
Geschäften wird nur Bargeld an-
genommen. Bei Kreditkarten-Dieb-
stahl ist die Sperrung rund um die
Uhr über Tel. 0049/11 61 16 oder
Tel. 0049/30 40 50 40 50 möglich.
Achtung: Man sollte auf keinen Fall
auf der Straße oder in Metro-Statio-
nen »schwarz« tauschen. Man wird
fast immer getäuscht; **Trickbetrug**
ist weitverbreitet. Im Notfall die Polizei anrufen: Tel. 112.

HEILBÄDER
In Budapest gibt es 14 Heilbäder.
Schon römische Legionäre nutzten
vor rund 2000 Jahren solche Bäder.
Später waren sie der Oberschicht
zugänglich. Während der türkischen
Ära blühte die Badekultur auf. In der
zweiten Hälfte des 19. Jh. wurden

schließlich artesische Warmwasser-
brunnen gebohrt, neue Thermalbä-
der entstanden. Das Wasser enthält
Kalzium, Magnesium sowie Wasser-
stoffkarbonat, Chlorid, Sulfat, Alka-
lien und eine bedeutende Menge an
Fluorid. Es hilft bei – und schützt vor
– degenerativen Erkrankungen der
Gelenke, chronischen Entzündungen etwa im Magen oder im Darm,
Entzündungen des Nierenbeckens
und der Harnwege. Durch das Wasser wird der Kalkmangel des Kno-
chensystems verbessert. Medizinische Behandlung und Wellness wird
in vielen Budapester Thermalbädern
angeboten (▶ S. 98).

NEBENKOSTEN
1 Kaffee . . . . 1,20–2,10 €
1 Bier . . . . 1,60–2,20 €
1 Cola . . . . 1–1,50 €
1 Brot (ca. 1 kg) . . . . 0,80 €
1 Schachtel Zigaretten . . . . . 2–2,80 €
1 l Normalbenzin . . . . 1,40–1,55 €
1 Metro-Fahrschein . . . . 1,10 €
Mietwagen/Tag . . . . ab 30 €

LINKS
www.budapestinfo.hu
Offizielle Webseite des Budapester
Tourismuszentrums.
www.budapest.com
News und Informationen zu Sehenswürdigkeiten, Restaurants u. a.
www.budapesthotelreservation.hu
Hotels und andere Unterkünfte in
Budapest und ganz Ungarn.
www.travelport.hu
Guide für Restaurants, Hotels, Veranstaltungen und Wellnessangebote.

MEDIZINISCHE VERSORGUNG
Ausländern wird unentgeltlich Erste
Hilfe geleistet. Der Notfalleinsatz
und Transport in ein Krankenhaus

sind kostenlos. Fachärztliche Untersuchungen und Behandlungen müssen bezahlt werden.

APOTHEKEN

Sie haben meist Mo–Fr 8–20 und Sa 8–14 Uhr geöffnet. Stets gibt es Apotheken (»gyógyszertár«), die Wochenend- und Nachtdienst haben. Im Schaufenster gibt es Angaben zum nächsten Notdienst.

ÄRZTLICHE VERSORGUNG

Notruf Tel. 104 und 112.
Info-Tel. 2 24 90 90 (Ansagen rund um die Uhr auf Englisch)

ZAHNÄRZTLICHER BEREITSCHAFTS-DIENST

SOS Dent Kft   C 6
Erzsébetváros • Király utca 14 • Tel. 2 69 60 10, 2 67 96 02 • Deutsch und Englisch rund um die Uhr

KRANKENVERSICHERUNG

In den meisten Gesundheitskarten ist die Europäische Krankenversicherungskarte (EHIC) integriert. Gemäß dem deutsch-ungarischen Sozialversicherungsabkommen besteht Versicherungsschutz für deutsche Staatsangehörige. Bei längerem Aufenthalt ist eine private Auslands-Krankenversicherung zu empfehlen, die es ab 10 € pro Jahr gibt und in der Krankenrücktransporte mitversichert sind. In Krankenhäusern gibt es immer Personal und Ärzte, die auch Deutsch sprechen.

NOTRUF

Euro-Notruf: Tel. 112
Feuerwehr (Tüzöltök): Tel. 105
Pannenhilfe (Autómentö): Tel. 188
Polizei (Rendörség): Tel. 107
Rettungsdienst (Mentök): Tel. 104

KARTENVORVERKAUF   C 6

Ticket Express • Belváros • Dálszinház utca 10 • Metro: Opera • Mo–Fr 10–18 Uhr • Tel. 30/3 03 09 99 • www.eventim.hu

POST

Die Postämter sind Mo–Fr von 8–18 und Sa von 8–14 Uhr geöffnet. Am West- und Ostbahnhof sind Poststellen bis 21 Uhr offen. Ungarische Briefkästen sind rot. Für Postkarten in europäische Länder werden 235 Ft fällig.

PREISE

In Budapest ziehen die Preise an; in der gehobenen Gastronomie und in internationalen Hotelketten haben sie bereits westeuropäisches Niveau erreicht. Dennoch kann man in Budapest noch günstig essen und trinken, auch landestypische Spezialitäten sind preiswert.

REISEDOKUMENTE

Deutsche, Österreicher und Schweizer können mit einem gültigen Reisepass oder Personalausweis (Identitätskarte) einreisen. Auch Kinder unter 16 Jahren benötigen einen eigenen Ausweis oder Pass.

RAUCHEN

Seit 2012 darf in Cafés und Restaurants nicht mehr geraucht werden. Auch in den meisten Hotels und im öffentlichen Nahverkehr ist das Rauchen nicht gestattet,.

REISEKNIGGE

Die Budapester sind verträgliche, freundliche und überwiegend hilfsbereite Zeitgenossen, die Ortsfremden gern behilflich sind. Einzig die folgenden Punkte geben bisweilen

Anlass zu Diskussionen: die ungarische Minderheit in Rumänien, die eigene Souveränität als Nation, die auf ewig verlorene Fußballmacht und die »cigányok« (der Begriff »Roma« wird in Ungarn nicht verwendet). Wer speziell zu diesen Themen kontrovers zu ungarischen Ansichten diskutiert, erzeugt Missverständnisse, gerät in heikle Situationen und setzt sich der Gefahr aus, auch mal angepöbelt zu werden. Wie jedes kleine Volk sind auch die Ungarn auf Schutz und Achtung des Eigenen bedacht.

Ältere Leute sprechen oft Deutsch, unter den Jüngeren ist Englisch verbreitet. Wo man mit beiden Sprachen nicht weiterkommt, kann man meist auf die Sympathie der Ungarn für ihre Gäste setzen.

REISEZEIT

Budapest hat ein gemäßigtes Klima, Frühjahr und Frühherbst sind angenehme Reisezeiten. Nordwestwinde tragen das ganze Jahr über frische Luft in die Hauptstadt. Der Sommer ist warm und trocken; er kann allerdings recht heiß werden (33–38 °C). In den Wintermonaten ist es kalt, aber es gibt kaum anhaltenden Nebel oder nasskaltes Wetter.

Für Kulturinteressierte lohnt der Besuch zu jeder Jahreszeit, denn es finden zahlreiche Events statt.

SICHERHEIT

Wie in allen Metropolen gibt es auch in der ungarischen Hauptstadt Kriminalität. Häufigste Delikte gegenüber Touristen sind Taschendiebstahl, Betrug und Autodiebstahl. Man sollte sich tagsüber und natürlich auch nachts wachsam, aber nicht übervorsichtig und ängstlich durch die Stadt bewegen. Behalten Sie Ihre Tasche im Auge und tragen Sie Geldbörsen möglichst dicht am Körper. **Diebstähle** sollte man unverzüglich der Polizei melden. Autos unbedingt auf bewachten Parkplätzen oder in Garagen abstellen. Mitunter tauchen falsche Polizisten auf, die vorgeben, Kontrollen auszuüben, aber auf Diebstahl aus sind. Jeder Tourist hat das Recht, sich den Dienstausweis zeigen zu lassen; dieser muss ein Foto und ein Hologramm enthalten. Im Zweifelsfall verlangt man, gemeinsam zu einer Polizeistation zu gehen. Unbedingt zu warnen ist vor dem **Schwarztausch** auf der Straße und in Metro-Unterführungen. Die Budapester Schwarzhändler sind Weltmeister im Trickbetrug.

In der beliebten Váci utca werden vor allem männliche Touristen auf Bars und Clubs aufmerksam gemacht. Es handelt sich hierbei um **Tabledance-Lokale** o. Ä., die der Kundschaft ordentlich die Geldbörse leeren.

Klima (Mittelwerte)	JAN	FEB	MÄR	APR	MAI	JUN	JUL	AUG	SEP	OKT	NOV	DEZ
Tages-temperatur	2	4	11	14	22	26	28	27	23	16	8	3
Nacht-temperatur	-1	2	2	6	11	14	16	15	12	7	3	-1
Sonnen-stunden	2	2	4	6	8	9	9	8	7	5	2	1
Regentage pro Monat	8	6	7	7	9	9	6	7	5	7	9	8

Vorsicht bei **Drogen**: Seit 1999 gelten auf den Besitz von Drogen die härtesten Strafen in ganz Europa. Auch wer »nur« mit Cannabis erwischt wird, riskiert eine hohe Strafe, wer dealt eine Gefängnisstrafe.

Bettlern sollte man aus dem Weg gehen, viele sind Mitglieder einer Mafia und kommen vom Balkan. Wer Geld spenden will, sollte es lieber für Wohltätigkeitsorganisationen stiften.

In manchen Lokalen, Bars oder Clubs werden von Kunden horrende Preise verlangt. Man sollte in kein **Restaurant** gehen, das auf seiner Speise- oder Getränkekarte keine Preise angibt. Vor allem im Bezirk Belváros ist Vorsicht geboten. Soll ein Getränk 20 000 Ft (80 €) oder eine Mahlzeit 100 000 Ft (300 €) kosten, werden Gäste mitunter genötigt, sich vom Sicherheitsdienst eines Lokals zu einem Geldautomaten begleiten zu lassen und dort Geld von ihrem Konto abzuheben. In diesem Fall sollte man versuchen, über Tel. 107 oder 112 die Polizei einzuschalten.

Informativ ist außerdem die Webseite www.safetyinhungary.info.

Im Schadensfall sollten Budapest-Besucher auf dem Polizeipräsidium in der Teve utca 6 Meldung oder Anzeige erstatten. Die **Touristenpolizei** ist unter Info-Tel. 4 38 80 80 zu erreichen. Sie hat auch deutsch- und englischsprachige Ansprechpartner.

STADTRUNDFAHRTEN

Budatours   C 6

Hop-on-Hop-off-Touren sind Rundfahrten im offenen oder geschlossenen roten Bus. An 38 Haltestellen kann man nach Belieben ein- und aussteigen, bei Tag und bei Nacht.

Andrássy út 2 (Hauptbüro) • Tel. 3 74 70 70 • www.budatours.hu • 6000 Ft (48 Std.), 5000 Ft (24 Std.), »Night Tour« 7000 Ft

City Walks

Im Angebot sind verschiedene Stadtrundgänge in Buda und Pest. Auf www.touristfriendly.hu/images/mediaajanlatweb.pdf sind die Touren zu sichten, gebucht werden sie am besten per E-Mail: citywalks@touristfriendly.hu.

Ab 4900 Ft • 2,5–3 Std.

Discover Budapest
Tour Center   C 6

Hier wird eine geführte Stadterkundung mit dem Segway angeboten, entweder als Mini-Tour (1,5 Std.) oder als große Tour (2,5 Std.).

Belváros • Lázár utca 16 (hinter der Oper) • Tel. 2 69 38 43 • www.discoverbudapest.com

IBUSZ Reisebüro   C 6

Ungarns führender Reiseveranstalter fährt die Klassiker, wie Burgviertel, Gellértberg, Fischerbastei, Mathiaskirche, Heldenplatz, Parlament (von außen) und Donauufer von eigenen Bushaltestellen an.

Belváros • Erzsébet tér • Metro: Deák Ferenc tér • www.ibusz.hu • April–Okt. tgl. 11.30 und 14.30 Uhr, Nov.–März tgl. 14.30 Uhr • Dauer: 3 Std. • ab 6900 Ft

Riverride 👫👤   C 6

Eine Stadtrundfahrt im Amphibienfahrzeug. Zunächst geht es auf Rädern eine Stunde durch Budapests Straßen, dann über eine Rampe nahe dem Széchényi István tér für eine Stunde auf die Donau. Vom Wasser ist der Blick auf das Stadtpanorama

ein anderer. Das Fahrzeug ist als Schiff ausgerüstet: mit zwei Ankern, Schiffshupe, Schwimmwesten und Schiffsstauen. Die Busfahrer besitzen auch ein Kapitänspatent.
Belváros • Széchényi István tér 7/8 • Tel. 3 32 25 55 • www.riverride.com • April–Okt. tgl. 10, 12, 15 und 17 Uhr, Nov.–März tgl. 11, 13 und 15 Uhr • 8500, erm. 6000 Ft (28/20 €)

Yellow Zebra Bike Tours 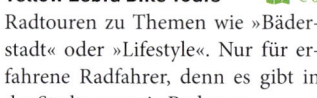 C 6
Radtouren zu Themen wie »Bäderstadt« oder »Lifestyle«. Nur für erfahrene Radfahrer, denn es gibt in der Stadt zu wenig Radwege.
Belváros • Lázár utca 16 • www.yellow zebrabikes.com

TELEFON
VORWAHLEN
D, A, CH ▶ Ungarn 00 36
Ungarn ▶ D 00 49
Ungarn ▶ A 00 43
Ungarn ▶ CH 00 41
Telefonauskunft in Budapest: 198 Inland, 199 Ausland
Bei **Ortsgesprächen** nur die Teilnehmernummer wählen, doch schon knapp außerhalb der Stadtgrenze gilt die Ortsvorwahl 1 für Budapest. Vom Festnetz innerhalb Ungarns wählt man 06 plus Ortsvorwahl, für Budapest also 061. Um ein ungarisches Handy anzuwählen, muss immer zuerst 06 vorangestellt werden.

STROM
Die Netzspannung beträgt 230 V. Sie benötigen keinen Adapter.

TIERE
Hunde und Katzen benötigen einen EU-Heimtierausweis mit Nachweis einer kürzlich stattgefundenen Tollwutimpfung vom Tierarzt.

TRINKGELD
Es ist üblich, Taxifahrern, Tankwarten, Gepäckträgern, Kellnern, Zimmermädchen und anderen hilfreichen Zeitgenossen 10–15 % auf den Rechnungsbetrag draufzulegen. Restaurants dürfen eine Servicegebühr von 15 % erheben.

VERGÜNSTIGUNGEN
Ermäßigungen an rund 70 Orten nimmt man gern mit. Am besten ist, alle öffentlichen Verkehrsmittel nutzen zu können, ohne einen Fahrschein erwerben zu müssen. Das ist möglich beim Kauf der **Budapest-Card**. Sie umfasst nicht nur die Nutzung der öffentlichen Nahverkehrsmittel, sondern auch um 10–35 % ermäßigten Eintritt zu Museen, Bädern, dem Zoo u. a.
Die Karte kostet für 24 Stunden 4900 Ft (15,80 €), für 48 Stunden 7900 Ft (25,40 €), für 72 Stunden 9900 Ft (31,90 €). Das gilt für einen Erwachsenen und ein Kind bis 14 Jahre. Kinder bis sechs Jahre und Erwachsene ab 65 Jahren fahren kostenlos. Zudem können auf dem Handy Apps kostenfrei heruntergeladen werden, um sich leichter in der Stadt orientieren zu können. Die BudapestCard ist personenbezogen und gilt mit Unterschrift und Eingabe von Datum und Uhrzeit. Sie kann im Internet vorab bestellt und zugeschickt oder vor Ort gekauft werden. www.budapest-card.com/en

VERKEHR
ÖFFENTLICHER NAHVERKEHR
Der öffentliche Nahverkehr wird von den Budapester Verkehrsbetrieben **BKV** betrieben. Neben den drei Metro-Linien und der Vorortbahn HÉV mit fünf Linien zwischen der Innen-

stadt und Vorstädten wie Csepel sowie in die Nachbarstädte Gödöllö, Ráckeve und Szentendre gibt es Straßenbahnen, Busse und Trolleybusse (mit Oberleitung), die zwischen 5 und 23.30 Uhr in Betrieb sind, manche länger. Das Nahverkehrssystem ist gut ausgebaut und preisgünstig. www.bkv.hu

SCHIFFE
Innerhalb Budapests gibt es einen Linienschiffsverkehr auf der Donau: Im Winter verkehrt nur die Linie D 11 Mo–Fr zwischen 7 und 18 Uhr von der Rákóczi-Brücke bis nach Újpest. Im Sommer wird die Schifffahrt ergänzt um die Linien D 12 und D 13. Tickets an Bord für 450 Ft. Fahrplaninfo: www.bkv.hu

MIETWAGEN
Avis   C 6
Belváros • Szabadság tér 7 (Bank Center) • Tel. 3 18 46 85 • www.avis.hu • Reservierung auch am Flughafen

Dollar Rent a Car   südöstl. F 10
Am Flughafen • Tel. 0 80 07 07 88 99 (kostenfrei)

Sixt    nördl. E 1
Angyalföld • Váci út 141 (Danubius-Haus) • Tel. 4 51 42 20 und 4 51 42 27 • Am Flughafen, Terminal 2 B • Tel. 2 96 01 58 • www.sixt.de

TAXI
Taxifahrer waren bis vor wenigen Jahren berüchtigt dafür, gelegentlich Kunden zu verprellen. Mittlerweile sind relativ günstige Höchsttarife gesetzlich festgelegt. Der Grundtarif tagsüber beträgt 300 Ft, der Fahrpreis 240 Ft/km; nachts steigt der Grundtarif auf 420 Ft, der Kilometer kostet

336 Ft. Vor einer Taxifahrt sollte man zuerst nach dem Preis fragen, während der Fahrt den Taxameter im Blick haben und sich am Ende eine Quittung geben lassen. Grundsätzlich sollten Ausländer nur in Taxis steigen, die mit gelben Nummern gekennzeichnet sind.
Zuverlässige Taxiunternehmen sind:
– Fötaxi • Tel. 2 22 22 222
– City Taxi • Tel. 2 11 11 11
– Zóna Taxi • Tel. 3 65 55 55

ZEITUNGEN UND ZEITSCHRIFTEN
An Kiosken in den großen Straßen, in Bahnhöfen und Hotels bekommen Sie internationale Zeitungen und Magazine, zudem Budapester Publikationen in deutscher und englischer Sprache. Dazu gehören das deutschsprachige Wochenblatt »Budapester Zeitung« (www.budapester.hu), das englischsprachige Wochenblatt »The Budapest Times« (www.budapesttimes.hu) und die monatlichen Programmkalender »Budapest Panorama« und »Budapest Guide«. In Hotels, Informationsbüros und an touristischen Orten liegen kostenlose Broschüren und Monatshefte mit aktuellen Hinweisen aus.

ZOLL
Deutsche und Österreicher dürfen Waren für den persönlichen Gebrauch abgabenfrei ein- und ausführen. Richtmengen gelten jedoch für Tabak (800 Zigaretten), Alkohol (110 l Bier) und Kaffee (10 kg). Details unter www.zoll.de und www.bmf.gv.at/zoll.
Schweizer dürfen Waren im Wert von 300 SFr abgabenfrei mitnehmen. Tabakwaren und Alkohol bleiben in gewissen Mengen abgabenfrei, siehe www.zoll.ch.

Orts- und Sachregister

Wird ein Begriff mehrfach aufgeführt, verweist die **halbfett** gedruckte Zahl auf die Hauptnennung. Abkürzungen: Hotel [H], Restaurant [R]

Liebe Leserinnen und Leser,
vielen Dank, dass Sie sich für einen Titel aus unserer Reihe MERIAN *live!* entschieden haben. Wir freuen uns, Ihre Meinung zu diesem Reiseführer zu erfahren. Bitte schreiben Sie uns an merian-live@travel-house-media.de, wenn Sie Berichtigungen und Ergänzungen haben – und natürlich auch, wenn Ihnen etwas ganz besonders gefällt.
Alle Angaben in diesem Reiseführer sind gewissenhaft geprüft. Preise, Öffnungszeiten usw. können sich aber schnell ändern. Für eventuelle Fehler übernimmt der Verlag keine Haftung.

© **2016 TRAVEL HOUSE MEDIA GmbH, München**
MERIAN ist eine eingetragene Marke der GANSKE VERLAGSGRUPPE.

1. Auflage

Alle Rechte vorbehalten. Nachdruck, auch auszugsweise, sowie die Verbreitung durch Film, Funk, Fernsehen und Internet, durch fotomechanische Wiedergabe, Tonträger und Datenverarbeitungssysteme jeglicher Art nur mit schriftlicher Genehmigung des Verlages.

BEI INTERESSE AN DIGITALEN DATEN AUS DER MERIAN-KARTOGRAPHIE:
kartographie@travel-house-media.de

BEI INTERESSE AN MASSGESCHNEI-DERTEN MERIAN-PRODUKTEN:
veronica.reisenegger@travel-house-media.de

BEI INTERESSE AN ANZEIGEN:
KV Kommunalverlag GmbH & Co KG
Tel. 0 89/9 28 09 60
info@kommunal-verlag.de

TRAVEL HOUSE MEDIA
Postfach 86 03 66
81630 München
merian-live@travel-house-media.de
www.merian.de
Tel. 0 89/4 50 00 99 41

VERLAGSLEITUNG
Susanne Kronester
REDAKTION
Sylvia Hasselbach
LEKTORAT UND SATZ
Thomas Rach, Jessika Zollickhofer
www.bintang-berlin.de
BILDREDAKTION
Dr. Nafsika Mylona
HERSTELLUNG
Gloria Schlayer, Bettina Häfele
REIHENGESTALTUNG
La Voilà, Marion Blomeyer & Alexandra Rusitschka, München und Leipzig (Coverkonzept, Ergänzungen Innenteil) Independent Medien Design, Horst Moser, München (Innenteil)
KARTEN
Kunth Verlag GmbH & Co. KG
für MERIAN-Kartographie
DRUCK UND BINDUNG
Printer Trento, Italien

Ein Unternehmen der
GANSKE VERLAGSGRUPPE

PEFC/18-31-506

BILDNACHWEIS
Titelbild (Freiheitsbrücke), Shutterstock: R. Sigaev
alamy: Rough Guides 91 • AlphaCentauri/CC BY-SA 3.0 115l • AWL Images: M. Abreu 60 • Bildagentur Huber: G. Simeone 7u, 74 • Corbis: S. Kiefer/imagebroker 54 • ddp images: R. Harding/Stuart 44 • fotolia.com: R. Sedmáková 114l, Tanya 13 • gemeinfrei 114r, 115r • Getty Images: Gallo Images 52/53, S. Sonnet 99 • B. Glódi 87 • imago: Xinhua 48 • JAHRESZEITEN VERLAG: D. Borges 2, 51, 63, 82, 104, GourmetPictureGuide 6, 29, 65, 78, G. Hänel 4, 7o, 7m, 15, 16, 17, 18, 20/21, 26, 32, 36, 67, 70, 73, 88, 94/95, 97, 108/109 • Kiscelli Múzeum 84 • laif: P. Body/hemis.fr 110, P. Hahn 39, 47, 100, J. Modrow 11 • look-foto: 106, U. Böttcher 68 • mauritius images: alamy 9, 19, 42, 77 • Schapowalow: M. Rellini/SIME 59 • seasons.agency: Jalag/D. Borges 22 • T. Stankiewicz 102 • vario images: imageBROKER 92